AF452892

HISTOIRE PITTORESQUE

DE LA

RÉVOLUTION FRANÇAISE

PAR M. ANTONY-BÉRAUD;

PUBLIÉE

AVEC CENT DESSINS

DES ARTISTES LES PLUS DISTINGUÉS.

1re et 2e Livraisons.

PARIS,

Alexandre Mesnier, éditeur,

23, RUE LOUIS-LE-GRAND.

1833.

EXPLICATION DES DESSINS.

N° 1. Séance royale au Parlement de Paris.

Nous avons choisi la séance royale du 19 novembre 1787, lorsque Louis XVI vint au Parlement pour y faire enregistrer deux édits : l'un relatif à un emprunt de 420 millions, l'autre à la restitution des droits civils aux non-catholiques qui en avaient été dépouillés par la révocation de l'édit de Nantes. On voit au banc des Pairs, après Monsieur et le Comte d'Artois, le Duc d'Orléans, levé et parlant contre le premier édit. Nous ferons remarquer dans ce dessin les ornemens du plafond de la Grand'chambre (maintenant lieu des séances de la Cour de Cassation), et les deux Lanternes destinées à la Reine et aux Dames de la Cour, et aux ambassadeurs et princes étrangers, lorsqu'ils assistaient aux séances royales. Ces ornemens et ces lanternes n'existent plus. (Voyez, dans l'Introduction, le passage relatif aux Séances Royales et aux Lits de Justice.

N° 2. Le Gateau des Rois.

Cette caricature anglaise fut faite à l'occasion du traité de partage fait en 1773 entre Catherine II, Joseph II et le grand Frédéric, par lequel ces trois souverains soumirent la malheureuse et noble Pologne à la plus infame spoliation dont les annales modernes fassent mention. Et ces trois souverains parlaient de philosophie ! et l'on pourrait s'étonner des malédictions des peuples ! — On voit dans ce dessin Catherine II s'adjugeant 2000 milles quarrés de territoire tout en souriant à son ancien amant Poniatowski, qui cherche en vain à retenir sa couronne; — à droite est l'Empereur d'Allemagne dérobant à la Pologne 1389 milles quarrés, et Frédéric marquant avec la pointe de son épée les 556 milles quarrés qui seront son partage. — De nos jours, nous avons vu consommer le crime, nous avons vu l'assassinat de tout un peuple... — Et nous sommes dans le siècle des lumières ! (Voyez, dans l'Introduction, SITUATION DE L'EUROPE AVANT LA RÉVOLUTION FRANÇAISE.)

N° 3 ET 4. Danse à la Halle.

Ce joli dessin de mœurs a été inspiré par une gravure qui parut en 1785. Plusieurs jeunes seigneurs, parmi lesquels on remarque un Prince du sang, alors connu pour le scandale de ses mœurs, sont venus à la Halle pour y partager les grossiers plaisirs de ses habitans, et pour s'y faire engueler, comme Vadé en avait donné l'exemple. L'un d'eux danse avec une harengère, l'autre joue du violon, l'autre veut caresser une jeune et jolie écosseuse qui le repousse rudement. Au bas de l'ancienne gravure sont ces vers, fort médiocres, mais qui peignent les mœurs :

Las de la bonne compagnie,	Ces mignons, d'humeur si gausseuse,
Aux halles, ces jeunes farauds,	Comptent en vain sur leur caquet ;
Par une bizarre manie,	Gare que Margot l'écosseuse
Viennent faire assaut de gros mots.	Ne donne à chacun son paquet.

(Voyez, dans l'INTRODUCTION, l'article NOBLESSE et MOEURS.)

Pilori des Halles.

On remarque dans ce dessin l'ancien Pilori des Halles. C'était une tour octogone, avec un rez-de-chaussée et un seul étage au dessus, percé tout autour de hautes croisées. Au milieu de cette tour était une roue de fer, laquelle tournait et était percée de trous où l'on faisait passer la tête des banqueroutiers frauduleux, des concussionnaires, etc. Pendant trois jours de marché on les y exposait trois heures par jour; et, de demi-heure en demi-heure, on leur faisait faire le tour du Pilori. Près du Pilori était une haute croix de pierre : c'était là que les banqueroutiers venaient déclarer qu'ils faisaient la cession de leurs biens, et qu'ils recevaient le bonnet vert de la main du bourreau. Ce dernier usage avait cessé d'exister long-temps avant la révolution. Le châtiment infligé maintenant aux banqueroutiers est beaucoup moins sévère. — C'est au Pilori des Halles que Jacques d'Armagnac fut exécuté en 1477, par ordre de Louis XI, qu'il avait trahi et qui lui avait pardonné tant de fois. (Voyez le DICTIONNAIRE HISTORIQUE DE PARIS, par Antony-Béraud et Dufey de l'Yonne.)

HISTOIRE

PARLEMENTAIRE

DE FRANCE,

Publiée par M. Alexandre Mesnier.

RECUEIL COMPLET

Des Séances, Exposés des Motifs, Projets de Lois, Rapports, Opinions, Discours et Discussions des Représentans de la Nation, depuis l'Assemblée des Etats-Généraux en 1789, jusqu'à nos jours,

AVEC DES NOTES ET DES ÉCLAIRCISSEMENS SUR LA PROMULGATION ET L'ABROGATION DES LOIS, DÉCRETS, ORDONNANCES, ETC.,

Par M. A. Pépin-Delisy,

AVOCAT A LA COUR ROYALE DE PARIS.

Six volumes in-4°, publiés par livraisons.

CONDITIONS DE LA SOUSCRIPTION.

L'Histoire Parlementaire de France formera six forts Volumes in-4°, qui seront publiés par Livraisons ainsi qu'il suit : Cinquante-deux Livraisons réunies formeront deux Volumes in-4°, et compléteront une Année.

PREMIÈRE ANNÉE.	DEUXIÈME ANNÉE.	TROISIÈME ANNÉE.
52 LIVRAISONS. — TOMES 1 ET 2.	52 LIVRAISONS. — TOMES 3 ET 4.	52 LIVRAISONS. — TOMES 5 ET 6.
	CONSULAT.	EMPIRE.	RESTAURATION.
— Assemblée Nationale.	— Conseil des Cinq-Cents.	— Sénat Conservateur.	— Chambre des Députés.
— Assemblée Législative.	— Conseil des Anciens.	— Tribunat.	— Chambre des Pairs.
— Convention Nationale.		— Corps-Législatif.	
		— Conseil-d'Etat.	

Une Livraison paraîtra le Samedi de chaque Semaine.

Prix pour Paris, pour la France et pour l'Etranger,

Par An, 52 Livraisons. . . . . 60 fr.　　Pour Six Mois, 26 Livraisons. . . . . 30 fr.

ON SOUSCRIT A PARIS,

CHEZ ALEXANDRE MESNIER, ÉDITEUR,

13, RUE LOUIS-LE-GRAND.

On peut aussi Souscrire dans les Départemens chez tous les Directeurs de Poste.

IMPRIMERIE ET FONDERIE DE A. PINARD, QUAI VOLTAIRE, 15.

HISTOIRE PITTORESQUE

DE

LA RÉVOLUTION FRANÇAISE.

INTRODUCTION.

« On dit ordinairement que l'histoire ne doit paraître que long-temps après la mort de ceux dont elle parle ; autrement, on craint que l'écrivain n'ait pas eu les moyens de s'instruire, ou n'ait trahi la vérité... Je pense au contraire que l'histoire, pour être utile, ne saurait paraître trop tôt. Il serait à désirer que ceux qui ont part au gouvernement pussent entendre d'avance la voix de la postérité, subir la justice historique, recueillir l'éloge ou le blâme qu'ils méritent, apprécier les louanges infectes de leurs adulateurs, connaître les vrais jugemens du public, se voir enfin, tels qu'ils sont, dans le miroir de l'histoire. »

Cette opinion de Duclos est la nôtre : mais nous l'asseyons sur une base bien plus large. Il ne s'agit plus seulement ici d'apprendre à quelques fils de rois, de grands, de ministres, ce qu'étaient leurs pères, ou d'exciter en eux le désir des mêmes éloges, ou la crainte du même blâme : ici c'est une nation tout entière s'instruisant par ses propres exemples.

La tâche que nous nous sommes imposée est immense, nous le savons ; on peut, on doit nous demander compte des motifs qui nous ont déterminé à l'entreprendre, et de nos droits, comme historien, à la confiance de nos concitoyens. Les voici.

Nous n'entrerons pas dans l'examen critique des divers ouvrages qui ont été composés sur la Révolution française. Nous les avons lus tous ou presque tous ; il en est peu, — du moins, nous le croyons, — qui aient pu échapper à nos recherches : journaux, mémoires, essais historiques, opinions, pamphlets, rapports, manuscrits mêmes, ont été tour à tour soumis, pendant quatre ans, à des méditations consciencieuses. Ceux-ci, écrits à l'époque même qu'ils retracent, sont trop imprégnés de la passion du moment ou de la couleur des partis ; ceux-là, publiés sous les premiers jours du Consulat, ont été frappés d'une juste réprobation ;

quelques autres, et spécialement ceux qui ont paru il y a peu d'années, ont mérité à leurs auteurs une gloire réelle et légitime ; mais il nous semble qu'en général ces derniers écrits, quelque estime qui leur soit due, sont plutôt des opinions politiques à propos de la Révolution, que l'histoire de la Révolution même.

Et cela devait être ainsi. Alors, on osait encore douter de nos droits ; les plus hautes questions de notre existence politique devaient donc dominer, presque seules, la pensée de l'historien. Dans chaque parti, on s'occupait bien moins des faits que de leurs résultats ; il s'agissait bien moins d'apprendre la Révolution à ceux qui l'ignoraient, que de l'expliquer à ceux qui l'avaient mal comprise, et de lutter contre d'incorrigibles rêveurs, qui, tout en jouissant des bienfaits de la liberté, s'obstinaient à nier sa conquête.

Au moment où nous écrivons, on n'en est plus à justifier la Révolution ; ses ennemis eux-mêmes feignent de l'accepter. Le peuple a pulvérisé de folles espérances et des allégations menteuses. Le sang de juillet 1833 a cimenté l'opinion de juillet 1789. On l'a dit : une révolution est un fait, et un fait ne se détruit que par un résultat entièrement inverse ; or la contre-révolution est impossible. Que maintenant la vérité parle donc par les faits seuls.

Quant à nous, né en 1792, c'est-à-dire dans les entrailles mêmes de la Révolution française, notre berceau a été jeté au milieu de ses luttes terribles, de ses pompes, de ses terreurs et de ses chants de triomphe. Nous sommes donc contemporain et non acteur d'une grande partie des événemens que nous allons décrire, et notre âge nous place à ce point d'optique où l'on peut juger plus sainement les faits et leurs résultats. Nous avons pu, comme le veut, pour tout historien, le vieux chroniqueur anglais Sleidan, — « converser avec plusieurs de ceux qui ont pris part aux affaires. »

Membre de cette classe moyenne qui permet d'atteindre plus aisément aux deux extrémités de l'échelle sociale, nous avons extrait d'utiles récits de ces gens qui, spectateurs impassibles, voient passer devant eux une révolution, du même œil dont ils jugent les événemens de la Seine, du haut des parapets de nos quais. Nous avons personnellement connu quelques uns des personnages historiques dont nous aurons à parler ; nous vivons même encore avec plusieurs d'entre eux.

Libre, indépendant, ne demandant qu'à notre plume un gain noble et légitime, nous n'avons sollicité, nous n'avons reçu d'aucun gouvernement ni places ni faveurs. Le Gouvernement qui n'est plus affectait de nous donner pour frères aînés, à nous autres jeunes et purs enfans de la liberté, les stipendiés du sceptre impérial : nous repoussons cette parenté. Soldat sous l'Empire, nous avons fidèlement rempli nos devoirs guerriers, mais en nous rappelant toujours la date de notre naissance. Il y a quatorze ans, lorsque tant de gens qui, depuis, ont élevé la voix, se taisaient devant les échafauds et les piloris de l'exilé de Gand, nous disions à la France :

..... N'oublions jamais, qu'en tes pressans besoins,
Un Français qui s'exile est un guerrier de moins.....
Ecoute le serment que te fait mon jeune âge.
Il jure devant toi de fuir tout esclavage.
Tu ne l'ignores pas ; tous ces honneurs pervers
Dont vous paie un tyran quand il vous met aux fers,
Rang, honneurs, titres vains évoqués de Versailles,
Je ne les cherchai pas sous le feu des batailles.....
Plébéïen, vers les camps par la gloire emporté,
Je demandai la gloire avec la liberté.....
Oui, c'est toi que j'atteste, ô puissante déesse,
Liberté, dont l'amour a guidé ma jeunesse....
Je reste à la patrie, et lui voue à jamais
Et ma vie et mon ame et mon cœur tout français.
A la servir encor mon audace occupée
S'armera d'une lyre à défaut d'une épée !

(LE RAPPEL, *à mes anciens compagnons d'armes.*)

Voilà la première fois que nous osons entretenir ainsi de nous le public ; mais on nous pardonnera peut-être, si l'on veut bien prendre cette franche déclaration de principes pour ce qu'elle est en effet, c'est-à-dire comme un engagement sacré de tout faire pour remplir en honnête homme les devoirs qui nous sont imposés.

TABLEAU DE L'ANCIENNE FRANCE.

Tous ceux qui ont écrit sur la Révolution française n'ont pas manqué de faire précéder leur récit d'un aperçu plus ou moins long des causes qui l'ont amenée. — Nous consacrerons aussi quelques pages à cet examen nécessaire. Mais, pour bien juger de toute l'étendue d'un bienfait, il faut moins examiner celui qui le rend que celui qu'il oblige. — Nous croyons donc devoir présenter d'abord le tableau de la vieille France, et montrer à nu ce qu'elle était avant qu'accomplissant sur elle la fable d'Eson et de Médée, la Révolution l'eût rajeunie.

Nous allons jeter un rapide coup d'œil sur son gouvernement, ses formes administratives, ses divisions étranges, le chaos plus étrange encore de ses lois et de ses coutumes. — La Cour, les Parlemens, les trois ordres, le commerce, l'industrie, les finances ; mœurs, sciences, seront tour à tour l'objet d'une courte analyse.

Les causes générales et naturelles, particulières et immédiates de la Révolution, jailliront alors d'elles-mêmes de cette esquisse fidèle.

Alors tout esprit impartial comprendra que le malheureux époux d'Antoinette monta sur le trône à une époque où le plus ferme caractère n'aurait pu lutter contre l'entraînement des choses. Depuis long-temps, avons-nous dit ailleurs[1], tout était préparé pour les événemens dont Paris allait devenir le théâtre. Le fruit était mûr ; il devait tomber : il tomba. Ceux qui ont pensé qu'au 10 août un monarque à cheval aurait pu ressaisir sa couronne, n'ont jamais compris la Révolution.

Alors le lecteur le moins éclairé applaudira de conviction à ce beau passage de Mme de Staël[2] : « Si le commerce s'est ouvert de nouvelles routes, si les pro-

[1] Introduction au Dictionnaire historique de Paris, par Antony-Béraud et Dufey (de l'Yonne), 2e édition, Barba.

[2] Considérations sur la Révolution française, tome 1, p. 283.

grès de l'agriculture sont inconcevables..... c'est à la Révolution qu'il faut l'attribuer. La France de l'ancien régime aurait succombé à la millième partie des maux que la France nouvelle a supportés. La division des propriétés, par la vente des biens du clergé, a retiré de la misère une très nombreuse classe de la société. C'est à la suppression des maîtrises, des jurandes, de toutes les gènes imposées à l'industrie, qu'il faut attribuer l'accroissement des manufactures, et l'esprit d'entreprise qui s'est montré de toutes parts. Enfin, une nation depuis long-temps attachée à la glèbe, est sortie, pour ainsi dire, de dessous terre; et l'on s'étonne encore, malgré les fléaux de la discorde civile, de tout ce qu'il y a de talens, de richesses et d'émulation dans un pays qu'on délivre de la triple chaîne d'une église intolérante, d'une noblesse féodale, et d'une autorité royale sans limites. »

Provinces et pays compris dans l'ancien royaume de France.

La vieille France [1] était composée de trente-neuf provinces, qui renfermaient un nombre de pays plus ou moins considérable. Comme la plupart de ces noms reviendront souvent dans les premières parties de notre histoire, nous les donnerons ici.

1. La PICARDIE, haute et basse. La Haute renfermait l'Amiénois, le Santerre, le Vermandois, la Thiérache, le Beauvoisis, le Soissonnais, le Noyonnais et le Laonnais. La Basse, le Calaisis ou pays reconquis, le Boulonnais, le Ponthieu et le Vimeux. — 2. Le COMTÉ D'ARTOIS. — 3. La FLANDRE FRANÇAISE ou les PAYS-BAS FRANÇAIS. Elle contenait la Flandre maritime, la Flandre Wallonne, le Cambrésis et le Hainaut français. — 4. La NORMANDIE, haute et basse. La Haute contenait le pays de Caux, le pays de Bray, le Véxin normand, le Roumois, le pays d'Ouche, le Lieuvin, le pays d'Auge. La Basse, les Marches, la Campagne d'Alençon, celle de Caën, le Bessin, le Bocage, le pays d'Houlme, le Cottentin, l'Avranchin. — 5. L'ILE-DE-FRANCE. Elle contenait le Véxin français, l'Ile-de-France proprement dite, divisée en deux parties, la Goelle ou Gouhelle, et la France et le Parisis; le Mantois, le Hurepoix, la Brie française, le Gâtinais français. — 6. La CHAMPAGNE. Elle contenait le Réthelois, la principauté de Sédan, le Rhémois, la Brie champenoise, la Champagne propre, le Perthois, le Vallage, le Bassigny, le Sénonais. — 7. La LORRAINE, divisée en deux parties, le duché de Lorraine et le duché de Bar. Elle renfermait la Lorraine propre, la Lorraine allemande, le pays des Vosges, le pays Messin, le Toulois, le Verdunois, le Luxembourg français, la principauté de Bouillon. — 8. L'ALSACE. Elle contenait la haute et basse Alsace et le Sundtgaw. — 9, 10, 11, 12, 13, 14. La BRETAGNE, le MAINE, l'ANJOU, la TOURRAINE, le BERRY, le POITOU. Ces provinces étaient divisées en haute et basse. — 15. Le PERCHE. — 16. L'ORLÉANAIS. Il renfermait le Gâtinais orléanais, l'Orléanais propre, le Puysaie, le Blésois et la Sologne. — 17. Le NIVERNOIS. — 18. La BOURGOGNE. Elle contenait l'Auxerrois, le pays de la Montagne, l'Auxois, le Dijonnais, l'Autunois, le Châlonnais, le Charollais, le Maconnais. — 19. La PRINCIPAUTÉ DE DOMBES. — 20. La BRESSE. — 21. Le BUGEY. Il contenait les pays de Gex et de Valromey. — 22. La FRANCHE-COMTÉ, divisée en bailliages, d'Amont, de Besançon, de Dôle et d'Aval. — 23. Le PAYS D'AUNIS. — 24. La SAINTONGE. Elle contenait la haute et basse Saintonge et le Brouageais. — 25. L'ANGOUMOIS. — 26, 27, 28. La MARCHE, le LIMOSIN, le BOURBONNAIS. Ces provinces étaient divisées en haute et basse. — 29. L'AUVERGNE. Elle contenait le pays de Combrailles, la haute Auvergne et la basse, divisée en Limagne et pays de Dauphiné. — 30. Le LYONNAIS. Il renfermait le Lyonnais propre, le franc Lyonnais, le Forêt et le Beaujollais. — 31. Le DAUPHINÉ, haut et bas; le Haut contenait les Baronies, le Gapençois, l'Embrunois, le Briançonnois, le Grésivaudan, le Royanès. Le Bas, le Tricastin, le Valentinois, le Diois, le Viennois. — 32. La

---

[1] Voyez le Dictionnaire historique de Paris, par Antony-Béraud et Dufey, 2ᵉ édition. — Le Dictionnaire de Robert de Hesseln, tom. 3, 4. — Le Tableau de la population de la France, et le Tableau de l'étendue carrée des généralités du royaume, avec une Carte divisée par gouvernemens, 1788. — Voyez encore, pour les différentes questions que nous traitons dans les pages suivantes, un recueil précieux, le Résumé général et exact des cahiers, des pouvoirs, instructions, demandes, doléances de tous les bailliages, sénéchaussées, pays d'états du royaume, à leurs députés aux États-Généraux, avec une Table raisonnée des matières, qui indique le nombre des bailliages, etc., par une société de gens de lettres; 3 vol. in-8°, 1789. — Voy. Prudhomme, t. 1, 2, 3. — La Taxe personnelle et unique, et Suppression de tous les impôts; broch. in-8°, 1789. — L'An 1789 ou la Vérité au pied du trône; 1 vol. in-8°, etc., etc.

GUIENNE. Cette vaste province renfermait le Bordelais, le Bazadois, le Périgord, l'Agenois, le Quercy, le Rouergue. — 33. LA GASCOGNE. Elle renfermait les Landes, le pays Basque, la Chalosse, le Condomois, le pays de Gabardan, le haut et bas Armagnac, le Bigorre, le Comminges et le Couserans. — 34. La BASSE NAVARRE. — 35. Le BÉARN. — 36. Le COMTÉ DE FOIX, qui renfermait la Vallée d'Andorre, le Donnezan, le pays de Sault. — 37. Le ROUSSILLON. Il renfermait le Roussillon propre ou la Viguerie de Perpignan avec le Valespir, la Viguerie de Conflent avec le Capsir et la Cerdagne française. — 38. Le LANGUEDOC, contenant le haut et bas Languedoc et les Cévennes. Le haut et bas Languedoc étaient subdivisés en vingt diocèses; les Cévennes renfermaient le Gévaudan, le Vélai et le Vivarais. — 39. LA PROVENCE. Elle était divisée en haute et basse.

Un grand nombre de petites subdivisions étaient contenues dans les divisions principales que nous venons d'indiquer.

Administration militaire.—Gouverneurs-généraux.— Lieutenans-généraux, etc., etc.

La France était partagée en trente-huit gouvernemens généraux et militaires, de chacun desquels dépendait un certain nombre de gouvernemens de places. Nous ne comprenons pas ici le gouvernement de la principauté de Sédan et celui de la principauté de Monaco, qui, depuis Louis XIII, étaient sous la protection de la France.

Les gouverneurs-généraux pouvaient convoquer les divers ordres de leurs provinces quand et autant de fois qu'ils le jugeaient convenable. Dans les provinces qui étaient pays d'états, le gouverneur-général assemblait les états dans la ville qu'il lui plaisait de désigner, et c'est lui qui les présidait. Plaintes et demandes des habitans à écouter, surveillance des officiers de justice, de la discipline militaire, de toutes assemblées qui pourraient se tenir au préjudice de l'autorité royale, répression des révoltes, etc., tels étaient les principaux devoirs que leur traçaient leurs provisions, et qu'ils ne remplissaient presque jamais. Car ces hautes fonctions de gouverneurs et de lieutenans-généraux de provinces n'étaient données qu'aux princes du sang, aux maréchaux de France, à la haute noblesse; et, à l'instar des évêques, ces grands seigneurs ne résidaient guère qu'à la cour. Jusqu'à la Régence, leurs provisions n'avaient été ordinairement accordées que pour trois années; mesures sages : mais, depuis cette époque, il était passé en usage, et sans autre formalité, de les leur laisser à vie. Il en était de même pour les gouverneurs particuliers; tant, sous cet inconcevable régime, l'abus semblait être une partie inhérente à la machine administrative. Les mains despotiques mais fermes de Richelieu et de Louis XIV avaient monté ces rouages; en y touchant le moins possible, on croyait assurer leur durée. — « C'est une machine à quoi il ne faut pas toucher, disait la marquise du Deffand, de peur qu'elle se brise. »

Chacun de ces gouverneurs-généraux avait une compagnie de gardes plus ou moins nombreuse, selon l'étendue ou l'importance du gouvernement. Confians dans le long sommeil des peuples, la plupart d'entr'eux la licenciaient, mais n'en touchaient pas moins la solde. — Beaucoup de provinces, par une faveur royale qu'elles se gardaient bien de demander, avaient deux gouverneurs, le père et le fils; le fils avait le gouvernement, et le père conservait le commandement et les revenus. L'on peut croire, sans trop craindre de se tromper, que les sujets de ces provinces favorisées, avaient, à peu de chose près, de doubles appointemens à payer.

Quand Madame de Sévigné appelle le duc de Chaulnes, le Roi de Bretagne (il en était le gouverneur-général), elle emploie, selon sa coutume, une expression aussi vive que juste.

On comptait, outre les trente-huit gouverneurs-généraux, douze commandans de provinces, cinquante-deux lieutenans-généraux, soixante-dix-huit lieutenans de Roi, et quatre cents gouverneurs de places, non compris un nombre immense de gouvernemens municipaux, tels qu'ils avaient été créés à la fin du règne de Louis XV; charges que l'on vendait, comme tant d'autres, au plus offrant '.

' Voyez le Dictionnaire de la France. — Robert de Hesseln, tome 3. — Rien de tel pour connaître la vérité sur cet ancien système de gouvernement (si d'ailleurs il y avait un système, quel qu'il fût, autre que celui du bon vouloir du Roi); rien de tel pour s'en faire une idée nette et précise, que de laisser parler ceux-là mêmes qui, par état, par devoir, par position, sont les premiers à le soutenir. — Ce bon Robert de Hesseln, professeur des pages et inspecteur de l'École royale militaire, sous les dernières an-

Administration de la France. — Bailliages, Prévôtés, Sénéchaussées, Vigueries. — Pays de droit coutumier, Provinces de droit écrit. — Parlemens. — Le grand Conseil. — Chambres des Comptes. — Cours des Aides. — Cours des Monnaies. — Parlement de Paris. — La robe. — Le Châtelet. — Séances royales. — Lits de justice, etc.

On ne peut mieux comparer l'ancienne administration civile et financière de la France, qu'à ces vieux châteaux du moyen-âge, qui, augmentés à diverses reprises de constructions nouvelles, selon les nécessités des temps ou les caprices de leurs propriétaires, présentaient des modèles de tous les genres d'architecture.

Dans le tableau rapide que nous esquissons, sans doute il va nous échapper des omissions involontaires ; mais il doit nous suffire de donner ici une idée générale de l'ancienne organisation de la France.

Le royaume, sous le rapport de son administration judiciaire et financière, était divisé en plusieurs districts ou cours supérieures connues sous les noms de Parlemens, Chambres des Comptes, Cours des Aides, Cour des Monnaies, Conseils supérieurs, etc.

On comptait quatorze Parlemens : ceux de Paris, Toulouse, Grenoble, Bordeaux, Dijon, Rouen, Aix, Pau, Rennes, Metz, Besançon, Douai, Nancy et Dombes [1].

Il y avait à peu près huit ou neuf cents siéges et juridictions immédiates, Présidiaux, Sénéchaussées, Bailliages, Prévôtés, Vigueries, Gouvernances, selon les dénominations usitées dans chaque province, et une foule d'autres qui ressortissaient aux Parlemens et aux conseils supérieurs ; ajoutez-y plus de soixante mille justices seigneuriales. Si, à cette époque, la justice n'était pas bien rendue, ce n'était pas du moins faute de juges.

Dans l'administration civile, on suivait le Droit Romain ou le Droit écrit, dans les articles auxquels ne dérogeait pas une loi plus particulière. Dans les provinces méridionales on jugeait conformément au Droit Romain ; dans les autres provinces, les Coutumes ou les Lois particulières à chacune d'elles dictaient les

nées du règne de Louis XV et sous Louis XVI, ne se doute guère que le tableau naïf qu'il nous donne du gouvernement royal et de l'administration de la France, en est la plus forte critique, et souvent même la satire la plus sanglante.

[1] Dictionnaire de la France, t. 3. — Almanach Royal, années 1775-86-87.

arrêts. Une mesure sage, il faut en convenir, avait jadis commandé aux monarques français de respecter les coutumes et les usages des diverses provinces qu'ils avaient successivement ajoutées à leur empire, ou, pour mieux dire, qu'ils avaient rendues à la France. En acceptant ces Coutumes, ils leur avaient donné force de loi ; mais lorsqu'une longue existence politique sous un même sceptre eut consolidé chez tous ces peuples ce beau nom de Français, le Gouvernement eût dû, dans son intérêt, les soumettre peu à peu à un même régime.

Outre les Coutumes de ces provinces, source inépuisable de conflits de juridictions, cause sans cesse renaissante d'interminables procès, il y avait encore des Coutumes particulières à des villes, à des bourgs, à des villages, lesquelles dérogeaient souvent à la Coutume générale du pays. D'ailleurs les ordonnances des Rois, les édits, les arrêts, les déclarations avaient aussi force de loi. Effroyable labyrinthe où le faible trouvait toujours sa perte, auquel échappaient seules la puissance et la richesse, et dont la chicane pouvait toujours, à son gré, tendre ou retirer le fil.

Pays de Droit coutumier ; Provinces de Droit écrit.

On distinguait par ces deux dénominations les provinces qui se réglaient par des Coutumes et des usages particuliers qui n'avaient pas été autrefois rédigés par écrit, qui continuaient d'exister, pour ainsi dire, par tradition ; et les provinces où l'on suivait, comme nous l'avons déjà dit, le Droit Romain ou des lois écrites, avant que ces provinces eussent été incorporées à la France.

On n'attend point de nous ici l'histoire des Parlemens ; pour celui de Paris, nous renvoyons à Voltaire, à M. Dulaure, à notre Dictionnaire historique de Paris. Nous nous contenterons de donner quelques notions moins connues sur les diverses créations de ces cours souveraines.

On sait que, sous la première et la seconde race, et même dans les premiers temps de la troisième, le Parlement était une assemblée composée des pairs de France, des barons, des grands feudataires que les Rois convoquaient chaque année.

Philippe-le-Bel fut le premier Roi qui rendit sédentaire à Paris ce tribunal suprême, cette cour du Roi dont les assemblées étaient déjà depuis assez long-temps appelées Parlemens, et qui jusqu'alors avait été ambulatoire à la suite des monarques.

Au moment de la Révolution, le Parlement de Paris formait encore la première cour de magistrature du royaume. Long-temps il fut le seul tribunal suprême de la nation.

Lorsque la Normandie fut replacée sous le sceptre des Rois de France, le tribunal de ce duché, connu sous le nom d'Echiquier, cour des barons de la province, continua ses séances, sans cesser de ressortir, comme auparavant, au Parlement de Paris. Le Roi y envoyait des gens du Parlement pour y présider en son nom, comme duc de Normandie [1]. — En 1314, cette province obtint, par une ordonnance de Louis Hutin, renouvelée en 1315, qu'il n'y aurait plus d'appel de son Echiquier au Parlement de Paris. Ce ne fut qu'en 1199 que cet Echiquier fut érigé en Parlement.

Le comté de Toulouse ayant été réuni à la couronne en 1272, on fit, pour le tribunal ou Parlement des barons de Languedoc, ce qui se faisait pour l'Echiquier de Normandie : on y envoyait des députés du Parlement de Paris. Ces députés étaient appelés les Seigneurs tenant le Parlement de Toulouse [2]. — Il en fut de même de la cour de Champagne, après la réunion de ce comté. Ses assises, connues sous le titre de Grands-Jours, furent aussi tenues par des députés du Parlement de Paris.

Philippe-le-Bel, en 1302, avait proposé aux peuples du comté de Languedoc d'établir à Toulouse un Parlement sans appel; mais ce projet ne fut réalisé qu'en 1443, sous Charles VII.

A l'égard du Tribunal qui tenait les grands-jours à Troyes, il n'avait point été distrait du ressort du Parlement de Paris, et il en dépendit jusqu'à la Révolution, sous le titre de Bailliage.

Le Parlement de Grenoble n'avait point été formé par distraction de ressort. Le Dauphiné était une principauté indépendante, que Philippe-de-Valois acquit de Humbert II, par un traité consommé en 1349. Charles VII ayant cédé le Dauphiné à son fils (depuis Louis XI), celui-ci, n'étant encore que Dauphin, créa,

en 1451, le Parlement de Grenoble à l'instar de celui de Paris, et cette création fut ratifiée deux ans après par son père.

Le Parlement de Bordeaux fut également créé par Louis XI, en 1462, par démembrement de celui de Toulouse, dont on avait étendu le ressort tant sur la Guienne qui, auparavant, relevait pour l'appel des jugemens de sa cour, au Parlement de Paris [1], que sur le Languedoc, c'est-à-dire sur tout le territoire qu'on appelait autrefois pays de la Langue d'Oc. Cette grace avait été promise aux Bordelais lors de la capitulation qu'ils firent, sous Charles VII, avec le comte de Dunois, en quittant les Anglais pour se soumettre à la France.

Ce fut encore Louis XI qui, le 18 mars 1476, établit à Dijon le Parlement de Bourgogne, lors de la réunion de cette province à la couronne, après la mort sanglante de Charles-le-Téméraire. Car ce grand Roi est celui de tous les anciens monarques français à qui le royaume dut le plus d'établissemens utiles.

Le Parlement d'Aix, créé par Louis XII, en 1501, n'avait point été distrait de celui de Paris. La Provence était un état indépendant, qui ne fut réuni à la couronne qu'en 1486, sous Charles VIII, et après la mort de Charles d'Anjou.

Le Parlement de Bretagne, créé en 1553 par Henri II, avait été distrait du Parlement de Paris, auquel se portait auparavant l'appel des jugemens de la cour de Bretagne [2].

Le Parlement de Pau n'avait point été distrait de celui de Paris. Le Béarn était indépendant. Possédé en toute souveraineté par Henri IV, avec les débris du royaume de Navarre, sa réunion définitive à la couronne ne s'était opérée qu'en 1620.

Il en avait été de même pour le Parlement de Metz. Les habitans de cette ville et de son territoire, qui avait appartenu à l'Empire, avaient continué, depuis sa prise, en 1552, par Henri II, de ressortir à la chambre impériale de Spire. L'Empire perdit ce ressort par l'édit de création du Parlement de Metz, en 1633. — De même aussi pour le Parlement de Douai. Lorsque la Flandre française, conquise sur la maison

---

[1] Réglement de 1306.

[2] Voyez art. 62 de l'ordonnance de 1302. — Ordonnances du Louvre, tom. 1, p. 320. — Abr. chr. d'Hainault. — Réglement de 1306. — Trésor des Chartes, cote C.

[1] Voyez Lettres-patentes de 1283, données au Roi d'Angleterre pour la Guyenne.

[2] Joly, des Offices, t. 1, p. 558.

d'Autriche, se fut successivement accrue sous Henri IV, Louis XIII et Louis XIV, ce dernier prince créa un Conseil supérieur à Tournay, en 1668, qu'il érigea ensuite en Parlement en 1686, et qui, après la perte de cette ville, fut transféré à Douai en 1713. — De même enfin pour les Parlemens de Besançon, de Dombes et de Nancy. — La Franche-Comté, jusqu'au moment de sa conquête par Louis XIV, avait été possédée par la maison d'Autriche; ce prince trouva un Parlement établi à Dôle; il ne fit que le transférer à Besançon. — Quant à la petite principauté de Dombes, elle avait été indépendante sous la possession de la branche de Bourbon, jusqu'au moment où François Ier la confisqua sur le connétable. Cette indépendance avait été rétablie par Louis XIV, en 1682, en faveur du duc du Maine. Lorsque Louis XV acquit cette principauté, il y trouva un Conseil souverain qu'il érigea en Parlement.

La Lorraine, duché souverain, indépendant de la France jusqu'en 1735, avait été, à cette époque, cédé à Louis XV par le traité de Vienne; le roi Stanislas en avait eu l'usufruit. Après sa mort, ce duché fut réuni à la couronne. On avait laissé subsister le tribunal suprême de la Lorraine sous le nom de Cour souveraine de Nancy, jusqu'en septembre 1775, où il avait été érigé en Parlement.

On reconnaissait encore en France deux autres Cours souveraines qui possédaient tous les droits des Parlemens sans en avoir le titre : celles de Perpignan et de Colmar. En 1462, Jean d'Aragon engagea le Roussillon à Louis XI pour un prêt de 300,000 écus d'or qui ne furent jamais rendus. Long-temps en litige entre la France et l'Espagne, le Roussillon ne nous fut définitivement cédé qu'à la paix des Pyrénées en 1659. Louis XIV y trouva un Conseil souverain qu'il laissa subsister. Ce prince agit de même à l'égard du Conseil souverain d'Alsace, après la réunion de cette province à la France.

Nous devons joindre à toute cette magistrature suprême : 1° Le Grand-Conseil, originairement composé de membres du Parlement qui y servaient tour à tour. Il avait été érigé, sous Charles VIII, en tribunal séparé, avec des attributions particulières, et notamment celles des matières bénéficiales. 2° Les Chambres des comptes, dont les membres, choisis aussi dans l'origine parmi ceux du Parlement de France, avaient composé,

sous Philippe-le-Bel, un tribunal à part, chargé spécialement de la révision des comptes royaux, et de toutes les contestations relatives. 3° Les Cours des aides, magistrature pareillement distraite du Parlement, et à laquelle on avait particulièrement attribué la connaissance et le jugement de toutes les contestations relatives à l'impôt. Cette magistrature avait eu autrefois, comme on peut le vérifier dans les anciennes ordonnances, l'inspection sur les députés des aides chargés, par les États-Généraux, de percevoir et d'administrer les octrois accordés par la nation. 4° enfin, les Cours des monnaies, tribunaux souverains distraits aussi du Parlement, avec l'attribution particulière des matières des monnaies.

Toutes ces cours particulières auraient dû faire corps avec les Parlemens dans le ressort desquels elles se trouvaient, puisqu'elles étaient souveraines comme eux; elles auraient dû assister aux assemblées des chambres et aux lits de justice convoqués pour la vérification des édits. Mais augmenter ainsi le nombre de ces assemblées, c'eût été donner presqu'une image des États-Généraux; image bien faible et bien fausse, il est vrai, mais trop effrayante encore pour ce Gouvernement sans ame, sans conscience, rongé de plaies honteuses qu'il ne pouvait plus cacher qu'à peine sous les longs replis de son manteau royal; pour ce Gouvernement qui, selon l'énergique expression de la Bible, n'était plus, depuis long-temps, qu'un sépulcre blanchi.

Ces cours, avec les Parlemens et les Conseils souverains, formaient collectivement la magistrature suprême, qui prétendait représenter l'antique assemblée des anciens princes, chefs, magistrats élus par le peuple; plus tard, celle des leudes et des vassaux de la couronne; et qui était destinée, en effet, à la garde et à l'exécution des lois [1].

Jusqu'à Louis XIII, on ne peut le nier, les Parlemens se montrèrent quelquefois de dignes défenseurs des intérêts de la patrie; mais l'esprit qui animait ces grands corps n'avait pas suivi l'impulsion du siècle. Lorsque tout marchait autour d'eux, lorsque tout s'y déplaçait, eux seuls gardaient des opinions inamovibles comme leurs charges. Ils s'étaient laissé déborder

[1] Voyez Lettres-patentes de Henri IV, du 4 juillet 1591. — Voyez le Discours du garde-des-sceaux d'Armenonville, lit de justice de 1723.

par les vœux nationaux, ils ne suffisaient plus aux besoins de l'époque; et lorsque Louis XVI dut céder au cri de la France et convoquer les États, les Parlemens parurent une anomalie presque choquante, au milieu des indispensables changemens que demandait la patrie. Il en sera toujours ainsi de toutes les institutions humaines, lorsqu'elles ne seront fondées que sur des abstractions politiques, lorsqu'elles ne satisferont qu'aux exigences d'un temps, d'une caste, d'une organisation spéciale, lorsqu'elles ne s'appuieront enfin que sur une fraction du corps social, et qu'elles n'auront pas, pour première et unique base, ces grands intérêts qu'il faut toujours finir par écouter seuls, qui sont de tous les temps et de tous les lieux : CEUX DU PEUPLE. C'est ainsi que, dans un autre genre, les maîtrises et jurandes, utiles sous saint Louis, étaient devenues vexatoires au XVIIIe siècle.

Toutes les charges de robe étaient vénales, excepté celle du chancelier, et celles des premiers présidens des Parlemens. — Les princes du sang, les ducs et pairs, tant laïques qu'ecclésiastiques, avaient entrée, séance et voix délibérative au Parlement de Paris. Les princes du sang y étaient reçus à quinze ans, les pairs à vingt-cinq.

La robe se divisait en trois classes : 1° les conseillers d'État, les présidens des cours supérieures, les maîtres des requêtes, etc. ; 2° les conseillers des cours supérieures ; 3° les juges des tribunaux inférieurs, et les officiers de judicature, tels que les procureurs, les greffiers, etc. — Dans les dernières années avant la révolution, les avocats semblaient faire un corps séparé de ces trois classes.

Le Châtelet de Paris était la justice ordinaire de cette capitale.

Lorsqu'il fallait faire enregistrer sur-le-champ quelque édit délibéré dans les conseils du Roi, et dont l'urgence indispensable pouvait ne pas paraître telle aux yeux du Parlement, — et c'était pour l'ordinaire dans les besoins pressans d'argent, besoins qui se renouvelaient sans cesse, — si l'on jugeait que la présence du Roi dût paralyser toute résistance, le monarque allait lui-même présider cette cour souveraine. C'est ainsi qu'au 19 novembre 1787, Louis XVI, accompagné de MONSIEUR et du COMTE D'ARTOIS, porta au parlement deux édits, l'un relatif à un emprunt successif de quatre cent vingt millions pendant cinq ans;

l'autre, qui devait aider à faire passer le premier, concernant la restitution des droits civils aux non-catholiques qui en avaient été dépouillés par la révocation de l'édit de Nantes ¹.

Les lits de justice se tenaient, soit à Paris, soit à Versailles, dans les occasions les plus importantes, pour les affaires majeures de l'État ou à la suite de quelques sérieux combats parlementaires. — Cette assemblée était composée des princes du sang, des grands officiers de la couronne, des ducs et pairs, des chevaliers de l'ordre, des secrétaires et conseillers d'État, des gouverneurs-généraux et des lieutenans-généraux des provinces, des membres du Parlement, des maîtres des requêtes, etc. — Alors la royauté déployait tout le prestige de ses pompes et de ses grandeurs.

Finances. — Turgot. — Clugny. — Necker. — Tailles, taillon, capitation, dixième, vingtième, etc. — Pays d'élection. — Pays d'états. — Don gratuit. — Le clergé. — Les abbayes. — Les ordres religieux. — Gabelles. — Droits et péages, etc. — Cour, Maison du Roi. — Avidité des courtisans. — Pensions. — Réformes.

« En France, dit M. Necker, dans son compte rendu adressé à Louis XVI, en janvier 1781, on a fait constamment un mystère de l'état des finances ; ou si quelquefois on en a parlé, c'est dans des préambules d'édits, et toujours au moment où l'on voulait emprunter. »

En effet, ces préambules avaient perdu toute leur autorité, et les hommes d'expérience n'y croyaient plus que sous la caution du caractère moral du contrôleur-général. On profitait du voile jeté à dessein sur la situation financière du royaume, pour obtenir, au milieu du désordre, un médiocre crédit que des édits bursaux cherchaient sans cesse à raviver et qui s'éteignait sans cesse. Necker lui-même, homme habile, mais trop systématique et trop persuadé de son infaillibilité, ne put apporter à tant de maux que de légers palliatifs. — Turgot, dont le peuple avait d'abord béni le choix, n'avait trouvé que des obstacles au bien qu'il voulait faire. Il avait vu s'armer contre lui ce clergé, ces abbayes, ces moines qu'il voulait soumettre aux impôts fonciers; ces financiers dont il réprimait les vols impudens; cette noblesse dont il

¹ Voyez le Dessin n° 1.

SÉANCE ROYALE AU PARLEMENT

combattait les priviléges, et ce Parlement même qui cherchait à punir en lui le membre du Parlement Maupeou. Toutes ses mesures avaient été entravées. Il se retira, après deux ans d'une lutte pénible contre tant d'adversaires qui se montraient non moins les ennemis de la patrie que ceux du contrôleur-général. Ce fut lui qui, en sortant du ministère, écrivit à Louis XVI ces paroles mémorables : « Je conjure Votre Majesté de « se tenir en garde contre la faiblesse : elle est la cause « principale de la misère des peuples et des malheurs des « rois. C'est la faiblesse qui a conduit Charles Ier à l'é-« chafaud. » Louis XVI avait dit un mot qui est la plus complète condamnation de ce temps, que nous appelons l'ancien régime : « IL N'Y A QUE MOI ET M. TURGOT « QUI AIMIONS LE PEUPLE. »

Clugny succéda à Turgot. En sortant du ministère, il laissa un déficit de vingt-quatre millions [1]. Necker eut le mérite de former ce qui n'existait pas, c'est-à-dire, des tableaux complets et appuyés des élémens nécessaires, pour connaître facilement tous les détails de la situation des finances [2].

L'ancien état ordinaire des finances était composé d'une immense somme de dépenses qui n'étaient point fixes, mais qu'une facilité journalière, des faveurs, des fêtes dispendieuses, des largesses accordées à d'indignes courtisans, refusées aux vrais services, répétaient et augmentaient chaque année. Les perceptions du fisc étaient divisées en fractions innombrables, et livrées à une foule de receveurs ou de compagnies, qu'un insatiable besoin de fonds avait successivement introduits, au grand détriment des revenus publics. Necker eut encore la gloire d'apporter, et dans les recettes et dans les dépenses, des réformes importantes [3]. Il décima cette armée de financiers, fermiers-généraux, trésoriers, receveurs-généraux, receveurs-généraux des domaines et bois, payeurs des rentes, receveurs des tailles, du taillon, de la capitation, des dixièmes, vingtièmes, deux sous pour livres, des grandes et petites gabelles, etc., (la liste seule en est effrayante), qui récoltaient les

impôts, vexaient et pressuraient les peuples, et remplissaient leurs caisses aux dépens du trésor public [1]. Necker resserra leurs attributions, limita leurs priviléges et simplifia beaucoup la perception entière de tous les droits. Mais, malgré tous ses efforts, il ne put ranimer que bien faiblement le crédit public. Nous verrons plus loin qu'après sa première retraite, les finances, un moment mieux réglées, retombèrent bientôt dans leur désordre accoutumé. Trop de gens étaient intéressés à ce funeste état de choses, pour que la volonté d'un seul homme, quels que fussent son énergie et son amour de la patrie, pût réparer le mal : — il fallait une Révolution.

PAYS D'ÉTATS. On appelait ainsi les provinces successivement réunies à la couronne, qui avaient conservé le droit de s'assembler pour régler leurs affaires financières et les contributions qu'elles s'imposaient elles-mêmes pour les besoins et les charges de l'État.

PAYS D'ÉLECTION. C'étaient les provinces divisées en districts de recettes particulières, que l'on nommait Élections, parce que chacun de ces districts avait une juridiction du même nom qui connaissait en première instance, tant en matière civile que criminelle, de tous les faits concernant les aides et les tailles.

Le clergé, qui, avec les abbayes, les couvens, les ordres religieux, enlevait une si forte partie des revenus du royaume, s'était arrogé le droit de ne payer son impôt à l'État que sous la forme d'un don, appelé Don Gratuit. Ce don se montait ordinairement à douze ou quinze millions tous les cinq ans, payables en quatre ou cinq termes. Et veut-on savoir quels étaient les revenus de l'Église ? Pour en avoir une idée, nous avons eu la patience de relever ceux des archevêques et des évêques dans l'Almanach royal de 1786. Ces hauts dignitaires absorbent, à eux seuls, plus de dix millions de simples traitemens. Qu'on ajoute plus de huit cents abbés commendataires, autant d'abbayes de filles, jouissant tous de douze mille livres de rente, l'un dans l'autre ; qu'on y ajoute les moines gris, blancs, noirs, chaussés, déchaux, mendians, hospitaliers, — auxquels il n'en fallait pas moins donner l'aumône ; — les curés, les généraux d'ordres, les employés du clergé, les séminaires, les chanoines de toute espèce, les commande-

---

[1] Compte-rendu, 1re partie, p. 6.

[2] Voyez Encyclop., in-folio, vol. 5, p. 811. — Encyclopédie méthodique, in-4°, art. Finances, vol. 2, p. 136.

[3] Cette introduction ne présentant le tableau de la France que jusqu'à l'année 1787-8 exclusivement, il ne s'agit ici que du premier ministère de Necker.

[1] Encyclopéd. méth., vol. 2, année 1785. — Compte-rendu, 2e partie.

rics de tout genre, et l'on avouera que la France payait cher le titre de Très Chrétien accordé à son Roi.

Les bons citoyens élevaient, depuis long-temps, un cri général d'horreur et d'indignation contre les Gabelles, contre cet impôt du sel dont le monopole despotique pesait tout entier sur le pauvre. Indépendamment des divisions bizarres connues sous le nom de Pays de Grandes Gabelles, de Pays de Petites Gabelles, de Pays de Saline, de Pays Sédimés et de Pays Exempts, on voyait encore, au milieu de chacune, des distinctions de prix fondés sur des usages, des franchises et des privilèges. Une pareille bigarrure, comme le dit Necker, avait dû nécessairement faire naître le désir de se procurer un grand bénéfice en portant du sel d'un lieu franc dans un pays de gabelle; tandis que, pour arrêter ces spéculations, il avait fallu armer des brigades. Ainsi s'était élevée de toutes parts, dans le royaume, une sorte de guerre intestine. En outre, la législation absurde des Droits et Péages ajoutait au désordre par ses divisions de Provinces des Cinq grosses Fermes, Provinces réputées Étrangères, Provinces Étrangères, etc., divisions qui forçaient d'établir, dans l'intérieur du royaume, une foule de bureaux de visite, afin d'exiger les droits établis sur les marchandises qui sortaient de quelques unes de ces provinces pour entrer dans d'autres. Il faut bien convenir que toute cette constitution était barbare.

Louis XVI avait donné plusieurs généreux exemples qui ne furent point suivis. Par un édit daté du mois d'août 1779, il avait supprimé dans ses domaines la Main-Morte et le Droit de Suite, c'est-à-dire le droit en vertu duquel des seigneurs de fiefs situés dans diverses provinces réclamaient l'héritage d'un homme né dans l'étendue de leur seigneurie, quoiqu'il s'en fût absenté depuis long-temps, et qu'il eût établi son domicile dans un lieu franc. A bien peu d'exceptions près, les seigneurs persistèrent à jouir de ce droit féodal; ainsi, au moment de la Révolution, en dépit des lumières du siècle, la noble France comptait encore des SERFS, des ESCLAVES. On connaît le fameux procès que soutinrent, contre leurs main-mortables du Jura, les moines de Saint-Claude.

Convaincu de l'absolue nécessité de réformer une partie du luxe écrasant de sa cour, de la MAISON DU ROI, Louis XVI s'était empressé d'adopter une partie des sages vues de Necker à cet égard : l'on parla même de supprimer des pensions… — Aussitôt des clameurs furieuses s'élevèrent autour de lui : soutenus par une jeune reine qui avait pris le goût de toutes les dépenses et de tous les plaisirs, les courtisans, ces harpies dévorantes, s'ameutèrent contre le ministre; et le faible monarque, content d'avoir rêvé le bien, dut se consoler de n'avoir pu le faire.

Que dirait-on, contre l'avidité de cette noblesse, qui pût valoir la peinture flétrissante que Necker en fait à Louis XVI lui-même ? peinture d'autant plus vraie qu'elle ne vise point à l'effet, et que c'est un simple Compte-Rendu comme le reste de l'ouvrage. — On peut en croire Necker; tous les modèles avaient posé devant lui.

« Acquisitions de charges, projets de mariage, pertes imprévues de toute espèce, espérances avortées, tous ces événemens étaient devenus une occasion de recourir à la munificence du souverain ; on eût dit que le Trésor royal devait tout concilier, tout aplanir, tout réparer; et comme la voie des pensions, quoique poussée à l'extrême, ne pouvait ni satisfaire les prétentions, ni servir assez bien la cupidité honteuse, l'on avait imaginé d'autres tournures, et l'on en eût inventé chaque jour : les intérêts dans les fermes, dans les régies, dans les étapes, dans beaucoup de places de finance, dans les pourvoiries, dans les marchés de toute espèce, et jusque dans les fournitures d'hôpitaux, tout était bon, tout était devenu digne de l'attention des personnes souvent les plus éloignées, par leur état, de semblables affaires. Indépendamment de ces différens objets, on sollicitait encore les engagemens de domaines de V. M., les échanges onéreux à ses intérêts, la concession de forêts qu'on prétendait abandonnées ; venaient aussi les paiemens de faveur sur des pensions arréragées, l'acquittement de vieilles créances achetées à vil prix…… L'obscurité prévenait la réclamation publique, et l'on était même délivré du joug de la reconnaissance [1]. »

Tels étaient donc, en général, les premiers amis du monarque et du trône. — Nous ne nous étonnons pas que la noblesse ait regretté l'ancien régime ; nous aurions été très étonné qu'elle se fût réjouie de sa chute.

Il paraît que les attaques de Necker ne produisirent

<hr>

[1] Compte rendu au Roi par M. Necker, directeur-général des finances, 1781 ; 2ᵉ partie : DONS, GRACES ET PENSIONS.

qu'un effet momentané; car, au moment de la convocation des Etats-Généraux, nous trouvons que le nombre des officiers qui composent le clergé de la cour, les sept officiers de la bouche du Roi, ceux qui servent à la chambre, officiers des cabinets, ceux des bâtimens, ceux qui dépendent du grand-maréchal-des-logis, les écuyers, les veneurs, une foule de valets subalternes dont les noms barbares effraient la bouche et la pensée : Pannetiers-bouche, Echansonniers-bouche, Coureurs de vin, Conducteurs de la haquenée du gobelet, Maîtres-queues, Hâteurs, Pâtissiers-bouche, Galopins ordinaires et extraordinaires, Gardes-vaisselle, Sommiers des broches, Avertisseurs, Tables-bouche, Sers-d'eau, Lavandiers du corps, Falatiers, Lavandiers, Tourne-broches, Porte-tables, Porte-chaises, Porte-caban, Porte-manteaux, Porte-arquebuses, Porte-fauteuils, Porte-meubles, Empeseurs-Gravatiers, Ambleurs, Cochers, Palefreniers, etc., etc.; que ce nombre, disons-nous, s'élève à plus de 5000; et cela sans compter la Maison militaire, la Maison de la Reine, et celle des princes et princesses.

Quant aux pensions, il faut que les améliorations que Necker avait apportées dans cette partie eussent été bien peu sensibles, car on retrouve encore de bien étranges services récompensés, dans la LISTE qui fut publiée en 1790; — entr'autres :

« A Thomas Dwalz¹, barbier du Roi, CINQ pensions, montant à 7,787 liv.; — mais au sieur de Fabrègues, capitaine de vaisseau, 2,700. l. — A Duverner, garçon de la chambre, 4,586 l.; — mais au sieur Faudran de Taillade, capitaine de vaisseau, 2,400 l. — A Falco, musicien, 4,800 l.; — mais à M. de Clieu, capitaine, 2,200 l. — Aux enfans de Catherine Godard, femme de chambre, 3,711 l.; — mais aux orphelins d'un maréchal-de-camp, 2,000 l. — A un valet de chambre 4,900 l.; — mais à un brigadier 2,500 l. — A Françoise Rousseau, remueuse des enfans de France, pour elle, son fils et sa fille, 14,832 l. — A la demoiselle Lemoine-Thierry, en considération des services de sa tante, en survivance de son mari, à sa nièce, etc., 30,000 l. ! — mais aux quatre messieurs de Tessemanes, officiers de marine, 11,600 l., etc., etc. »

C'est en parcourant de telles listes, c'est en méditant sur de telles preuves, que l'on comprend, dans toute leur étendue, les bienfaits de la Révolution.
— Il fallait Hercule, il fallait des fleuves détournés de leur cours, pour nettoyer les étables d'Augias.

Gouvernement monarchique. — Le Roi. — Parlement Maupeou.
— Le despotisme.

« C'est au Roi seul qu'appartient le pouvoir légis-
« latif, sans dépendance et sans partage; c'est par sa
« seule autorité que les officiers de ses Parlemens pro-
« cèdent, non à la formation, mais à l'enregistrement,
« à la publication et à l'exécution de la loi. L'ordre
« public tout entier y émane du souverain; il en est le
« gardien suprême; son peuple ne fait qu'un avec lui.
« En France, les droits et les intérêts de la nation sont
« unis avec ceux du monarque, et ne reposent qu'en
« ses mains. »

Là était contenue l'unique règle de conduite des derniers monarques français; là, aussi, était renfermé tout entier le secret de leur ruine. C'est le commentaire du fameux mot de Louis XIV : « l'Etat, c'est moi! »
— Jamais le despotisme n'a formulé un code plus court, plus clair et plus insolent. Louis XI, qui, les trois dernières années de sa vie exceptées, ne fut un tyran cruel que pour les tyrans du peuple, Louis XI, *qui mit les rois hors de page*, essaya ce code; mais ce fut au bénéfice des sujets, contre les plus odieux et les plus perfides des hommes, les d'Armagnac, les Nemours, les d'Alençon, les Saint-Pol, les Melun, mauvais français, traîtres vassaux, qui reçurent le juste salaire de leurs crimes. Richelieu reprit l'œuvre de Louis XI d'une main plus terrible encore, Richelieu que comprenait si bien cet autre chef d'esclaves, Pierre-le-Grand. — Mazarin transmit à Louis XIV les leçons de Richelieu; elles aidèrent aux sales voluptés de Louis XV. Louis XVI, qui les accepta, consacrées en quelque sorte à ses yeux par un silence d'un siècle, qu'avaient interrompu de rares et faibles murmures, Louis XVI, qui trop tard devait en comprendre l'horreur et le danger, les paya de sa tête.

Depuis Henri IV, nul monarque français n'avait lu ces belles paroles de Comines : « Nostre Roy est le
« Seigneur du monde qui le moins a cause d'user de
« ce mot de dire : J'ay privilège de lever sur mes sub-
« jects ce qui me plaist : car ni lui ni autre ne l'a; et
« ne lui font nul honneur ceux qui ainsi le dient, pour

___
¹ Voyez *Révolutions de Paris*, publiées par L. Prudhomme; 3ᵉ année; 3ᵉ trimestre, n° 34, t. III.

« le faire estimer plus grand, mais le font haïr et crain-
« dre aux voisins, qui, pour rien, ne voudroient estre
« sous sa seigneurie. Disoient aucuns de petite condi-
« tion et de petite vertu que c'est un crime de lèse-
« majesté que de parler d'assemblée des Estats, et que
« c'est pour diminuer l'authorité du Roy ; et ce sont
« eux qui commettent ce crime envers Dieu et le Roy
« et la chose publique..... Est-ce sur de tels subjects
« (que sont les François) que le Roy doit alléguer pri-
« vilèges de prendre à son plaisir? Nul prince ne le
« peut, que par octroy (de ses subjects), si ce n'est par
« tyrannie, et qu'il soit excommunié [1]. »

L'excès de la servitude produit la liberté. — Quelques années avant la Révolution, cette vérité était devenue un incontestable axiôme aux yeux du moins
clairvoyant des Français [2]. A cette époque, qu'était le
gouvernement de la vieille France monarchique? Misérable édifice croulant de vétusté, ruiné dans toutes
ses parties organiques. On avait tour à tour détruit
pièce à pièce tous les ressorts constitutifs de la monarchie ; et, par ses formes comme par le fond, ce
gouvernement n'inspirait plus ni respect ni confiance.

La dernière Assemblée des Etats-Généraux s'était
tenue à Paris, en 1614-15, pour examiner les comptes
de régence de Marie de Médicis. Depuis cette époque,
les Parlemens, et spécialement le premier de tous,
celui de Paris, avaient pu seuls lutter, avec plus ou
moins de vigueur, contre les entreprises de l'autorité
royale. On sait comment Louis XIV, au moment de sa
majorité, leur imposa silence. A dater de ce jour jusqu'à la mort du Grand Roi, ils courbèrent un front
soumis devant sa volonté suprême.

Ces corps imposans placés entre l'autorité royale et
la nation, ces Etats-Généraux au petit-pied, ces rigides défenseurs de la liberté et des droits de chacun,
devenus courtisans, avaient été enfin appréciés par
tous les bons esprits à leur juste valeur. Un moment,
vers la fin du règne honteux de Louis XV, ils s'étaient
relevés dans l'opinion publique, lorsque les Parlemens
de Paris et de Rouen avaient été dispersés et détruits.
On crut voir alors se briser le seul obstacle qui restât

entre le despotisme et la nation. Cet absolu pouvoir
ne comprit pas qu'il se portait à lui-même un coup
fatal, en violant l'inamovibilité d'un corps non moins
ennemi que lui des Etats-Généraux, et qui, flatté de
concourir, seul avec le souverain, à la législation,
pouvait toujours l'aider à repousser la convocation de
ces assemblées nationales si redoutées des Rois [1]. Dès
ce moment, les vieux liens d'une confiance réciproque
furent rompus ; dès ce moment, le Parlement jura haine,
non pas au Monarque sans doute, mais aux organes de
ses volontés ; — et lorsqu'en 87 il réclama les Etats-
Généraux, ce fut, surtout, une vengeance. D'ailleurs, il
crut alors placer une Cour sans mœurs en face d'un
peuple sans énergie, et diriger l'une et l'autre.

Et cependant, à l'agitation que produisit ce coup
d'État, des esprits moins préoccupés de leur omnipotence, auraient pu reconnaître les symptômes d'un affranchissement prochain. On sait de quels mépris amers
furent accablés Maupeou et son Parlement : les Mémoires de Beaumarchais et le conseiller Goezman lui
ont donné, chacun à leur manière, une honteuse immortalité. — A une autre époque, lorsque le Parlement avait refusé d'enregistrer un édit de Louis XV,
on avait applaudi avec chaleur à ces vers du D. Sanche d'Arragon du grand Corneille :

> Lorsque le déshonneur souille l'obéissance,
> Les rois doivent douter de leur toute-puissance ;
> Qui la hasarde alors n'en sait pas bien user,
> Et qui veut tout pouvoir ne doit pas tout oser.

La Cour, effrayée, avait ordonné la suppression de ces
vers, et il n'en avait été rien de plus. — Mais, à la
création du nouveau Parlement, on alla bien plus
loin.

Les philosophes et les amis de la liberté dédaignaient en secret ces cours souveraines, leur esprit
étroit, les préjugés, les erreurs absurdes et barbares
de la plupart d'entr'elles, et leurs formes gothiques.
On n'avait oublié ni le meurtre de Calas, ni celui de
La Barre. Voltaire avait dit : « Heureux qui n'a ni
Parlemens ni prêtres : j'en souhaite autant à tout le
genre humain. » Mais alors, ces Parlemens semblèrent
mériter d'être défendus. Leur cause parut être celle des

---

[1] Mémoires de Philippe de Comines, liv. 5, chap. 28.

[2] « Une révolution était inévitable vers la fin du dix-huitième
siècle ; les résistances ont accru son volume. » (MERCIER, membre
du conseil des Cinq-Cents.)

[1] Antique maxime de nos lois fondamentales : « Quand les
« Etats de la Nation sont assemblés, tous les autres pouvoirs
« sommeillent. »

vieux droits nationaux. De cette audace du despotisme jaillit un effet imprévu. La nation endormie s'éveilla. De généreux citoyens réclamèrent les lois fondamentales : — On devait songer, disaient-ils, au frein qu'il fallait imposer à tout gouvernement royal ; la liberté devait demeurer à jamais la loi primitive, le principe vital de l'association des Francs, comme elle l'était nécessairement de toute société politique. Pour la défendre et la conserver, il était juste que la République entière fît les lois. — Quel était ce magnifique hôtel ? Celui qui l'avait fait bâtir était ce maltôtier qui, gorgé de la substance des armées, avait laissé périr de faim nos soldats. Cette vieille favorite avait acheté ce voluptueux palais, en vendant les faveurs de la Cour à la lâcheté, à la trahison, à l'impéritie. Ces colonnes avaient été élevées par un favori, qui, comblé de richesses et de tous ces honneurs si étrangers à l'honneur, aurait dû périr enseveli sous le mépris et la haine publics. Ce magistrat s'était laissé corrompre, et quinze louis, glissés sur le giron de sa femme, avaient acheté sa voix. Cet intendant traitait la province confiée à ses soins en pays conquis. Ce maréchal, prototype d'une cour corrompue, avait fait bâtir ce pavillon de l'or anglais reçu aux plaines du Hanôvre. Temples du luxe, équipages, habits étincelans de pierreries, repas somptueux, usuriers gentilshommes, gentilshommes agioteurs, duchesses courtisanes, courtisanes annoblies, toutes ces causes exécrées de la ruine et de la misère des peuples devaient enfin satisfaire à la justice royale et à l'indignation publique.

C'était ainsi qu'on s'accoutumait à discuter des matières sur lesquelles on n'eût pas cru, jadis, pouvoir sans crime élever la voix. On s'était enhardi au point de rechercher les vraies sources du pouvoir royal. — Il fallait bien qu'une résistance si générale produisît, plus tard, tout son effet.

Cependant, rappelé par Louis XVI, le Parlement de Paris, en mai 1788, vit encore violer son sanctuaire. Ce second coup d'autorité accusa de nouveau la faiblesse et l'impuissance de ces tribunaux contre les injustices du pouvoir [1]. Depuis long-temps, d'ailleurs, on ne voyait que trop que la dignité et les intérêts nationaux n'inspiraient plus réellement la résistance des Parle-

[1] Considérations sur la Révolution, par M. L. C., an V.

mens aux entreprises du despotisme, et que s'ils protestaient avec chaleur quand il s'agissait de leurs avantages et de leurs prérogatives, ils ouvraient un accès facile aux édits qui ne frappaient que le peuple. Sans doute, au moment de leur chute, ces cours suprêmes comptaient encore des vertus et des talens : mais que leurs membres, pour la plupart, étaient loin de ressembler à ces vieux parlementaires du temps de Charles VIII, dont Mézerai nous a fait un si beau portrait !

Le despotisme, chez les anciens Rois de France, en général, n'était point cruel, mais dilapidateur et avide. Depuis la chute des grands vassaux, pour retenir auprès d'eux cette haute noblesse qui les avait fait trembler tant de fois sur le trône, ils avaient dû la combler de faveurs et de richesses ; et le peuple avait toujours payé cette sécurité de la couronne. Depuis Louis XIII, tant de rangs intermédiaires s'étaient placés entre eux et le peuple, qu'ils ne pouvaient plus arriver ou s'élever jusqu'à lui. Voyez quelle singulière opinion Henri IV lui-même avait de la roture ! — Ce prince avait donné un soufflet à l'un de ses valets de chambre ; celui-ci lui représenta qu'ayant l'honneur d'être gentilhomme, il devait être à couvert d'un pareil traitement. Henri jura de ne plus admettre de gentilshommes parmi ses valets de chambre ; se réservant ainsi, sans doute, le droit de souffleter à son aise ses valets roturiers.

Les trois ordres. — Le Tiers-Etat. — Commerce, industrie. — La Noblesse. — Le Clergé. — Mœurs. — Partage de la Pologne. — Guerre d'Amérique, etc. — Conclusion.

Qui ne sait qu'autrefois le nation était divisée en trois ordres, le clergé, la noblesse et le tiers-état ; ou plutôt qu'un intolérable système, né de la conquête et du fanatisme, avait jeté deux ordres en dehors de la nation ? — A l'exception des infortunés habitans de la campagne, que des travaux sans fruit et la servitude écrasaient presqu'en tous lieux, le tiers-état des villes avait, en réalité, reconquis une partie de l'importance et de la considération qu'il n'eût jamais dû perdre : on devait en rendre grace au commerce et à l'industrie. Avec l'industrie étaient nées les lumières auxquelles on dut les progrès de la civilisation. La guerre, le jeu, le luxe, l'ostentation, la vanité avaient dépouillé une partie des nobles des biens de leurs aïeux ; ils étaient alors tombés dans une sorte de dépendance du roturier qui s'était enrichi. Une noblesse sans fortune n'était plus que ridicule ; il ne lui restait plus que d'injustes priviléges qui excitaient la haine sans lui rendre sa vraie prépondérance. Pour se soutenir, elle s'allia à la roture : on la vendit, cette noblesse, dans les besoins pressans de l'État. Tombés dans le mépris, beaucoup de nobles perdirent et leurs droits politiques et leur consistance ; et lorsqu'on réunit les États-Généraux, des nobles eux-mêmes, Mirabeau à leur tête, vinrent se placer fièrement dans les rangs du tiers-état, comme au centre même de la vraie représentation nationale.

Certes, ce n'était pas au gouvernement royal que l'industrie et le commerce devaient leur heureux essor. On semblait tout faire, au contraire, pour en arrêter les progrès. Ils avaient sommeillé pendant le long règne de Louis XV. — A l'avénement de Louis XVI au trône, Turgot, qui faisait partie de la secte des économistes, dont les travaux et les méditations ont rendu dans la suite de si grands services ; — Turgot, animé de l'amour du bien public, avait demandé et obtenu pour tous les artisans la liberté de l'industrie, de ce droit qu'a chacun de disposer à son gré de toutes ses facultés. Les corporations et les priviléges exclusifs ne s'étaient perpétués qu'à l'aide de cet esprit de cupidité et de domination qui tend sans cesse à tout envahir [1], et qui, de nouveau, s'arma contre le ministre patriote. Six mois après l'ordonnance fut rapportée. Il fallut la Révolution pour arracher l'industrie au joug du privilége, et pour l'affranchir des tributs qu'elle payait à l'étranger.

Depuis l'anéantissement de la puissance féodale par Richelieu, la noblesse énervée, avilie autour du trône, n'avait plus assez de force pour le protéger, ni même assez de courage pour le défendre. Sans doute, plus tard, de brillantes exceptions se firent connaître ; mais il fallut le malheur pour retremper ces ames abâtardies.

Il y avait en France plus de 70,000 fiefs ou arrière-fiefs.

Nous citerons un seul exemple des droits singuliers dont jouissaient messieurs les seigneurs : il nous sera fourni par la châtellenie de Pacé, en Anjou. Lorsqu'un chaudronnier passait près du château, il était obligé d'y entrer et de demander à raccommoder la batterie, et pour paiement on lui donnait une miche et une demi-bouteille de vin. Le seigneur était en droit de confisquer les marchandises de celui qui aurait manqué à ce devoir. Le même seigneur avait aussi le droit de faire conduire devant lui, par ses gens, le jour de la Trinité, toutes les jolies femmes de Saumur et des environs, et dans le cas où elles n'auraient pas voulu danser avec ses domestiques, ceux-ci pouvaient les piquer trois fois dans une partie postérieure de leurs charmes destinée à un traitement plus doux, avec un bâton ferré marqué aux armes du seigneur. — Ne dirait-on pas que ces odieuses turpitudes avaient été inventées par des fous furieux ? Et nous frémissons d'horreur en lisant l'histoire des douze Césars !

Mais d'ailleurs, sauf quelques illustrations vraies, quelques noms historiques, qu'était cette noblesse qu'on a voulu, depuis, nous représenter comme le soutien du trône ! L'origine de la plupart de ces nobles était aussi basse (pour parler leur langage) que leurs mœurs étaient viles et corrompues. La Révolution a mis à nu la substitution des noms, l'usurpation des titres, les mensongères prétentions de ces fils de mercures, de langueyeurs de porcs, de valets de chambre, de barbiers, de cuisiniers, qui se croyaient pétris d'une autre argile que le peuple. Ouvrons le Dictionnaire des Ennoblis ; qu'y voyons-nous ? Un Champneuf, bourreau de Nantes, qui, en 1500, a acheté la noblesse pour 1,000 livres ; un porte-manteau du Roi, un bâtard de chanoine, un valet de garde-robe, un La Varenne, cuisinier de Henri IV, un Quatre-Sous, langueyeur de porcs ; un médecin de chiens, etc., etc. ; et cinq mille autres de cette taille et de ce mérite [2]. Parlerons-nous de la noblesse titrée ? La querelle survenue en 1722 entre le Parlement et la noblesse, a produit un mémoire très curieux sur l'origine de plusieurs familles en possession de la pairie. Le Parlement offrait de prouver au Régent que les ducs d'Uzès venaient d'un apothicaire de Viviers, ennobli en 1304 par un évêque de Valence. Qui ne savait que René Vignerot, au petit-fils duquel le cardinal de Richelieu substitua son duché, avait été domestique et serviteur des plaisirs de son Éminence ? — Les Amelot descendaient d'un marchand de harengs ; les Bullion, d'un cocher ; les Camus de Pontcarré, d'un maitre d'hôtel ;

[1] Voyez Perreau, Elém. de Lég. — Dict. hist. de Paris, t. 1, Introduction.

[2] Voyez Boussole politique, t. II, p. 22 et suiv. — Dictionnaire des Ennoblis.

Léon Noël de.   N° 3 et 4   Lith. de Bercic.

DANSE A LA HALLE

Lemohon sc.

N° 304

Lith. de Bernard

DANSE A LA HALLE

les Matignon, d'un valet de chambre, etc., etc. — Nous ne parlons pas des nobles, fils des palefreniers et des valets de leurs pères.

La Révolution religieuse, comme cela était déjà arrivé en Angleterre, prépara la Révolution politique. En raisonnant sur les motifs de leur dévote obéissance, les citoyens s'essayaient à résister aux actes de toute tyrannie. D'ailleurs, les mœurs dissolues des prêtres n'avaient pas peu contribué à déchirer le voile et à leur faire perdre le peu d'ascendant qu'ils avaient conservé sur l'imagination des masses. Cinquante ans avant la Révolution, le cardinal de Fleury écrivait au cardinal de Tencin : « Je crois la réforme de la prélature « très difficile ; car tout le monde convient qu'elle est « non seulement gâtée du côté des mœurs, mais même « du côté de l'esprit, et que les livres anglais y ont « communiqué leur venin. » Le bon cardinal entend par ces livres anglais, ces factums anti-catholiques et même spinosistes qui parurent en foule dans les derniers jours de la Reine Anne, et sous Georges Ier et Georges II. Ainsi donc, la plupart des anciens prélats de France ne croyaient plus au Pape et doutaient de Dieu même ! Nous ignorons quelles sont, à cet égard, les opinions de notre clergé moderne ; mais il sait du moins conserver, généralement, l'apparence de mœurs plus canoniques.

Les mœurs ! que dirons-nous de celles de cette époque ? de ces temps où, singe d'une cour dépravée, le plus grand peuple du monde, l'ame et le corps énervés par le luxe et la mollesse, était devenu la fable de l'Europe, et riait le premier de son abrutissement moral et de sa dégradation politique ? où le peuple le plus brave, le plus avide de gloire, en était venu à ce point d'oubli de soi-même, que les plus honteuses défaites n'étaient pour lui qu'une source de quolibets et de plaisanteries ? où l'on se vengeait de l'infamie par un calembourg, où un bon mot punissait un crime ? Alors, poudré, frisé, musqué, moucheté, coiffé à la brigadière ou à l'oiseau royal, armé de la *grande* ou de la *petite considération* [1], sans daigner emprunter ni masque ni voile, le vice marchait le front haut, et les plus dégradans plaisirs n'avaient rien de piquant pour lui s'il n'y joignait le scandale. Couvertes de vermillon et de céruse, nos femmes, alors, se faisaient des joues qui ne pussent

rougir de rien. — C'est à cette époque que naissait cette foule de livres infames, de romans obscènes, accueillis alors avec transport, aujourd'hui repoussés avec dégoût par notre brave et forte jeunesse. Parcourez, comme nous, les vieilles bibliothèques de ces évêques, de ces abbés, de ces magistrats ; allez dans ce recoin obscur, soulevez cette planche, dérangez ces deux, ces trois rangées de gros in-quartos, d'in-folios théologiques : vous trouvez un volume..... Traité de morale ! que le titre ne vous arrête pas ; ouvrez... un abbé a écrit ces horreurs, un prince a fait ces figures ! — C'est dans ce siècle qu'une fille de joie s'était assise près du trône ; que l'épouse d'un Maréchal de France, ivre des fumées d'une orgie, rouge, haletante, les cheveux épars, poursuivait Clairval [1] dans la rue, en criant : Je le veux ! je le veux ! Le lendemain, l'on se contentait de dire en riant : Cette pauvre duchesse ! — Quel prince n'avait son harem, quel seigneur sa petite maison, quel évêque ou quel conseiller sa maîtresse ? — Là, une Reine de France soutenait le matin un procès scandaleux contre un cardinal, et le soir montait sur un théâtre. Car alors tout était acteur ; on jouait tout, excepté le vice. — Ici, une courtisane effrontée, la Duthé, qui traînait naguère et qui traîne encore peut-être, à Paris, les débris d'une odieuse vieillesse, allait recueillir en public les hommages de ses amans ; et un premier Prince du sang et un chanteur de l'Opéra se disputaient gaîment ses faveurs. — Ici, un fils de France insultait dans un bal, de la manière la plus grossière, sa jalouse cousine, puis donnait à la France le spectacle du duel le plus ridicule avec le triste époux de l'offensée ; et tout fier de ce beau combat, il allait essuyer au théâtre les sifflets des Parisiens. — Tantôt des princes, des seigneurs, trouvaient plaisant d'aller répéter, la nuit, sur de paisibles citadins, le rôle qu'ils jouaient, en grand, le jour auprès du monarque, et d'exercer sur les gardiens peu belliqueux de la sûreté publique une facile valeur. — Tantôt, tout chancelans encore des triples excès du vin, de la débauche et des veilles, ils allaient, déguisés à peine, chercher aux Halles de grossiers plaisirs, et danser avec les harengères [2]. — Arétin était l'Anacréon de ce siècle.

Et cet effroyable désordre ne s'était point arrêté à

---

[1] Noms des paniers.

[1] Fameux acteur de la Comédie-Italienne.
[2] Voyez le dessin n°s 3 et 4.

la noblesse; il avait envahi les rangs de la haute bour-geoisie. La classe moyenne y avait échappé... plus ou moins.

Sous le rapport des sciences et de la littérature, ce siècle, sans doute, a jeté un vif éclat sur la France. Parmi ses coryphées, on compte de vrais grands hommes dont le génie ferme et hardi, en déracinant les préjugés, a hâté l'époque de l'émancipation natio-nale. Mais si la liberté leur doit de reconnaissans hom-mages, la haute morale, il faut franchement en con-venir, a plus d'un reproche à leur faire. N'oublions pas cependant que si un grand homme devance et do-mine son siècle, il est toujours soumis à son influence. Mais honte à cette tourbe de prétendus penseurs, sceptiques, sophistes, spinosistes, matérialistes, qui mettaient en doute les plus doux sentimens de la na-ture, jetaient le trouble et le découragement dans les cœurs, vous plongeaient dans les ténèbres sous pré-texte de vous faire voir la lumière, et forçaient l'ame à ramper sur la terre, en lui fermant les cieux.

En des genres différens, le Sopha[1], Acajou, les Bi-joux indiscrets, le Méchant, les Confessions du comte de ***, et plus tard, les Mémoires de Bachaumont, ceux de Grimm, de Madame d'Epinay, ceux d'un Père à son fils, ceux de Bezenval, les romans de Faublas, des Liaisons dangereuses, etc., sont la copie vraie de ce siècle de dépravation : — les écrits de Dorat, de Du-moustier, etc., en sont la peinture menteuse : — le ro-man de Justine en est la caricature infame.

De nos jours, la société est bien loin, sans doute, d'être exempte de vices : mais du moins la morale publique est respectée. Des femmes, dédaignant des devoirs sacrés, peuvent bien encore se disputer ef-frontément le cœur d'un prince royal ; mais on les cite, mais on les marque au front d'un ineffaçable stigmate ; les mères les redoutent pour leurs filles,

les maris pour leurs femmes... — Autrefois on n'eût pas même songé à leur en faire un reproche, et la favorite eût excité l'envie.

Telle était donc la vieille France au moment où la Révolution vint la saisir ; le moment était enfin arrivé où elle allait rougir de tant de folies et de crimes. Trois intentions, qui se sont si hautement manifestées dans le développement majestueux et terrible de cette crise mémorable, LA LIBERTÉ, L'ÉGALITÉ, LA FRATERNITÉ, commençaient à gronder dans toutes les ames. On avait frémi d'indignation à l'odieux partage de la Pologne[1], lorsque trois souverains osèrent attenter à l'indépendance d'un peuple libre. La prétendue philo-sophie des Rois n'avait plus été qu'une dérision amère ; on n'était plus dupe de la Sémiramis du nord, du Sa-lomon du nord. Déjà ce nom de Roi était flétri d'épi-thètes sanglantes, et les esprits les plus modérés même appelaient de tous leurs vœux une réforme complète dans l'organisation civile et politique. Le spectacle de l'insurrection américaine, à laquelle le Gouvernement français venait de prendre une part si active, avait produit dans tous les cœurs l'impression la plus vive. Ceux de nos officiers qui avaient combattu en Améri-que, fiers d'avoir aidé au succès de la liberté, avaient nourri ce généreux enthousiasme ; ils avaient dit ce peuple rendu à la dignité d'homme, à l'abri du libertinage et de l'insatiable cupidité des cours, grand de sa propre grandeur ; et la Liberté, l'Egalité, la vertu nationale et individuelle assurant aux Américains d'immenses destinées ! — On se montrait l'un à l'autre ce double spectacle des Rois assassinant un peuple, d'un peuple s'affranchissant de ses Rois ; et ces ta-bleaux funestes ou sublimes faisaient un appel à tous les cœurs et retrempaient toutes les ames.

Tout annonçait la résurrection de la patrie: beaux arts, nobles pensées, tout semblait renaitre. La cour se livrait plus que jamais à ses folles erreurs ; — mais David avait fait Brutus et les Horaces ; Franklin était à Paris ; — Et Lafayette s'était élancé à la gloire.

---

[1] De Crébillon fils, Duclos, Diderot, Gresset, Marmontel, Louvet de Couvray, etc., etc. — Personne n'ignore que le mar-quis de Sade, mort à Charenton en 1814, est l'auteur de l'exé-crable roman de *Justine*.

[1] Voyez le dessin n° 2.

LE GATEAU DES ROIS

Partage de la Pologne

HISTOIRE PITTORESQUE

DE

LA RÉVOLUTION FRANÇAISE.

LIVRE PREMIER.

DE 1737-38 AU 14 JUILLET 1789.

Avant-scène du drame révolutionnaire. — Considérations préliminaires utiles à l'étude de cette histoire.

Nous avons esquissé à grands traits le tableau de l'administration militaire, civile et financière de la vieille monarchie française ; nous avons découvert ainsi les élémens de dissolution prochaine que renfermait chaque partie de ce grand corps.

Maintenant nous allons tracer l'avant-scène du drame révolutionnaire ; nous allons donner une analyse historique des deux années qui ont précédé la Révolution.

Ces deux années développèrent rapidement les causes immédiates, soit intérieures, soit extérieures, qui devaient, en 89, amener l'entière dislocation du royaume de Louis XVI. C'est, pour tous les événemens qui vont suivre, un point de départ du plus haut intérêt ; les historiens qui nous ont précédés nous semblent, en général, l'avoir trop négligé ; nous lui consacrerons un examen plus approfondi.

Que ceux de nos lecteurs qui n'ont point encore médité sur ces causes intimes de la Révolution française et sur les premiers efforts de la liberté, se pénètrent bien de leur ensemble et de l'esprit qui doit aider à le saisir et à le juger.

Nous comptons encore parmi nous trop d'étroites pensées qui s'obstinent à ne voir dans la Révolution que les malheurs et les excès dont elle a été l'inévitable cause. — Nous ne parlons ici que de ces gens à craintes franches et naïves, dont le cœur palpite encore épouvanté au seul souvenir de 93, et non de cette classe d'ambitieux plus ou moins perfides qui continuent d'exploiter ces terreurs au bénéfice du pouvoir monarchique. — « Pour peindre tant de crimes (nous ont dit quelques hommes qui, d'ailleurs, en ont accepté les conséquences), il faudrait la plume d'un Tacite. »

— Comme si la plus haute leçon qu'on doive recueillir des récits de ce grand homme, n'était pas, avant tout, celle d'un Dieu vengeant l'univers, par les Césars, de tant de siècles de honte et d'esclavage, et préparant, par degrés, l'affranchissement du monde ?

Ces écrivains d'académie, qui veulent soumettre la puissante raison de l'histoire à des figures de rhétorique, et qui croient avoir fait jaillir la lumière, lorsqu'ils ont frappé contre une antithèse, ont dit : — « Trop d'astuce et de timidité perdirent la royauté ; trop d'exagération perdit la république. » — La royauté, telle du moins qu'on l'entendait alors, et telle que naguère encore on voulait l'entendre, fut perdue à dater du jour où, sortant de sa longue enfance, le Français se fit homme ; et si la pique républicaine fut jetée bas il y a quarante ans, c'est que les peuples n'avaient pas encore la main ni assez pure ni assez forte pour la tenir.

Il est une simple et saine philosophie qui s'accommode mal des fausses inductions, des lieux communs oratoires, des raisonnemens et des phrases de rhéteur, et des vains regrets du passé. — Animé d'un invincible amour de la patrie, tout lui devient bienfait. — Ce n'est point ce fatalisme qui attend, les yeux fermés, les coups du destin, et qui s'endort après les avoir reçus ; ce n'est point cet optimisme qui ne semble nier l'existence du mal que pour avoir le droit de ne donner nulle larme au malheur.

C'est cette foi du peuple, forte de candeur et de vraie sagesse, cette soumission raisonnée du bon citoyen, qui, loin de maudire des événemens accomplis, ou de croire follement qu'ils eussent pu céder à d'autres combinaisons humaines, les accepte comme conséquence forcée des temps, comme résultat d'un impérieux enchaînement de choses, et qui ne s'obstine à en étudier la cause et le produit que pour en retirer, en faveur de la patrie, tous les fruits possibles.

Voyez si, dans les deux années dont nous allons offrir le tableau rapide, chaque homme ne semble pas être un acteur amené là tout exprès, sur ce vaste théâtre, pour préparer et accomplir chaque événement qui va conduire aux imposantes scènes de 89 ?

Voici un roi, assez vertueux pour servir de transition supportable entre l'impur despotisme de Louis XV et le patriotisme de l'Assemblée constituante; assez bon pour que, plus tard, la France libre comprenne bien que ce n'est point à l'Homme-Roi que la nation en veut, mais au Roi-Principe; assez obstiné pour que les volontés du Peuple puissent grandir devant ses capitulations de conscience ; assez sage, — d'autres ont dit assez faible, — pour comprendre enfin que toute résistance eût été vaine, et pour se créer, dans sa chute, un rôle bien plus beau que le premier.

Voici ce vieux jeune ministre de Louis XIV et de Louis XVI, ce Maurepas, dernière expression des volontés du *Grand-Roi,* débris qui flotte sur trois règnes, et qui vient s'offrir presque au moment du naufrage de la monarchie, aux regards étonnés des Français, comme un impudent échantillon de l'absolutisme de l'époux de Maintenon et de la ricaneuse corruption de la régence.

Puis, c'est Turgot, c'est Necker, que le ciel envoie pour faire entendre d'austères vérités, et servir, un moment, de contraste aux insensés qui vont les suivre ; généreux prophètes qui troublent la joie des festins de Balthazar, et qu'on chasse comme apôtres du mensonge, jusqu'à ce jour où une main de feu doit tracer, sur le mur royal, les trois mots fatidiques : Liberté, Égalité, Fraternité.

Ils font mieux sentir à la France tout ce qu'elle doit de honte et de haine à ce Calonne, qui réunit en lui seul la rapacité d'un Marigny, l'insolente profusion d'un Fouquet, la luxure d'un Dubois, et qui, fidèle au rôle que la Providence lui a tracé, vient, juste au moment convenu, placer son *déficit* dans les préparations d'un dénouement vengeur.

Suivez enfin au pouvoir ce Loménie de Brienne accomplissant, comme il le faut dans les intérêts de la liberté, sa double charge de ministre inepte et de prêtre corrompu, et vous verrez qu'il ne manque à rien de ce qu'attend d'un tel homme le véritable vœu national.

Supposez maintenant, dès les premiers pas de la Révolution, l'énergie républicaine heurtant violemment les résistances royales, et les hautes vérités patriotiques de l'Assemblée constituante n'ont ni le temps de se développer ni celui de germer dans les cœurs. — Mais d'amers regrets aristocratiques vont se faire entendre, des projets contre-révolutionnaires s'organiser, l'étranger se lever et menacer la France ; mais un seul pas rétrograde, et le fruit de tant d'efforts sera perdu... — Dans cette grande lutte, engagée sur les limites de deux siècles, tour à tour Mirabeau, Barnave, Vergniaud, Danton, Saint-Just, Robespierre paraissent, au temps marqué, pour opposer leurs mains de fer à tant d'ennemis.

Ces géans de la liberté, à qui la haine la plus aveugle ou la plus déplorable stupidité peuvent, seules, dénier une si haute portée d'esprit et une fermeté de principes si bien d'accord avec le rôle qu'ils ont joué, avaient accepté leur mission; ils n'en avaient pas d'autre à remplir. Aussi, voyez-les (et nous ne parlons ici que des chefs et non de ces délégués de leur pouvoir, satellites dont ils ont été forcés eux-mêmes, trop souvent, de détester les cruautés et de maudire la perfidie¹), voyez-les dans leurs actes suivre l'impulsion de la grande pensée qui les domine, et non celle de leurs caractères. Pour n'en citer qu'un seul exemple, ce terrible Danton était le plus doux des hommes. Après tout appel consciencieux fait à notre raison et à notre justice, nous ne pouvons les comprendre autres qu'ils ont été, à l'époque où ils devaient être. Qu'ils reculent un seul instant devant la moindre des conséquences révolutionnaires, et nulle de nos libertés présentes, quelque controversées qu'elles puissent être encore, n'arrive jusqu'à nous. — « Il est écrit dans le code des nations, a dit Legendre, que tout peuple qui, après avoir fait une révolution, a regardé derrière soi, n'en a jamais atteint le but. »

Cependant ces hommes, dont la patrie, au jour du danger, dut toujours évoquer les inspirations géné-

---

¹ « Quelquefois les bonnets rouges sont plus voisins, qu'on « ne pense, des talons rouges. » (Rapport fait par Maximilien Robespierre, au nom du Comité de salut public, le 5 nivose an 2. — Dans la séance du 4 ventose an 2, Taillefer et Bréard se

reuses ; ces hommes, dont les travaux ont assuré à notre avenir un si noble héritage, n'ont été compris, pendant long-temps, que d'un bien petit nombre de vrais patriotes ; leur mémoire a été long-temps offerte à l'exécration des hommes... — Et ceux-ci, les jugeant d'après le succès (car pour les masses, le succès est vertu), acceptèrent ces calomnies. — Il devait en être ainsi, nous l'avouerons. Lorsqu'on vit succomber ces ardens réformateurs sous l'édifice qu'ils avaient voulu vainement élever, on put leur reprocher d'avoir tenté de tels essais à coups de têtes humaines. Aussi, nous, qui commençons à recueillir le fruit de leurs sacrifices, nous les comprenons ; ils ne l'étaient point, vivans, alors qu'ils ne craignaient pas d'immoler jusqu'à leur mémoire au bonheur futur de la patrie.

Sans doute, ils ont eu le tort de croire qu'on pouvait arracher un peuple à ses mœurs aussi aisément qu'à ses rois. — Robespierre, lui-même, en convenait, quoique d'une manière détournée, lorsqu'il disait : « Les mouvemens majestueux d'un grand peuple, les sublimes élans de la vertu se présentent à nos yeux timides comme les éruptions d'un volcan ou le renversement de la société politique ; et, certes, ce n'est pas la moindre cause des troubles qui nous agitent que cette contradiction entre la faiblesse de nos mœurs, la dépravation de nos esprits, et la pureté des principes, l'énergie des caractères que suppose le gouvernement libre auquel nous osons prétendre. » — Mais d'ailleurs, les événemens qui ont suivi la Révolution se sont chargés d'en expliquer l'inflexible rigueur ; et pour en faire excuser les excès, nous verrons plus tard un Directoire avili ; des Français combattant dans les rangs étrangers ; un Pichegru, un Moreau, traîtres à la patrie et à leur gloire ; les journées de Vendémiaire ; toute la France ensanglantée par d'affreuses réactions ; les patriotes décimés à coupes réglées[1] ; les *dandys* de Thermidor, les *muscadins*, sbires athées de la cause de Dieu et du roi,

plaignirent de ce que des hommes à nouveaux bonnets rouges faisaient arrêter des patriotes. Le but de ces hommes était de déconsidérer et de faire détester le gouvernement républicain. (Faisceau poétique et national, par J. Bouisson. 3ᵉ liv. p. 348.)

[1] Nous empruntons cette expression aux excellentes notes dont M. Justin Bouisson a enrichi son Faisceau poétique et national, ouvrage éminemment patriotique, qui obtient dans nos provinces un succès égal à son mérite, et qui ne peut manquer de produire bientôt à Paris la même sensation.

modernes cavaliers aux cadenettes retroussées, aux longs escarpins, attaquant en masse et en plein jour, et brisant de leurs gourdins énormes les têtes rondes de l'époque, les républicains désarmés ; l'athéisme publiquement prêché ; l'adultère en honneur, n'acceptant le divorce que pour unir les raffinemens du scandale à l'infamie du crime ; ce club de femmes sans pudeur, courtisanes gallo-grecques, ameutant tous les vices contre la sévérité républicaine, sous prétexte de nous rendre des mœurs[1] !... — Et de nos jours, pour tout dire en peu de mots, les trois grandes journées chargées, mais en vain, de recommencer l'œuvre de la liberté.

Homme, je gémis sur chaque malheur individuel ; citoyen, je m'incline avec un respect reconnaissant devant ce sublime orage d'où s'est élancée la France nouvelle. Eh ! pourquoi les vainqueurs d'alors seraient-ils flétris de ce nom de bourreaux, quand vainqueurs et vaincus ont été, presque tous, également victimes ? — « Le fait politique et moral qui résulte d'une révolution, a dit M. de Châteaubriand, est toute cette révolution. » — Ne voyons donc plus, dans ce prodigieux bouleversement des hommes et des choses, que l'enfantement laborieux de nos destinées futures ; quels qu'ils soient, vaincus ou vainqueurs, ne voyons plus enfin, dans tous, que des martyrs scellant de leur sang notre religion nouvelle, notre belle religion d'indépendance.

Nous osons croire que, guidé par cette croyance citoyenne, on comprendra mieux les événemens et les hommes de la Révolution. — Examinez-les à leur point de vue vrai ; ne les soumettez pas au vôtre, surtout

[1] L'illustre David, lors du séjour que nous avons fait auprès de lui à Bruxelles, en avril et mai 1821, nous a raconté plusieurs fois que les femmes les plus célèbres de cette horrible époque, celles que leur esprit, leurs graces, leurs charmes, la fortune, le rang même que leurs familles avaient autrefois occupé, plaçaient à la tête de la société fashionnable d'alors, lui avaient fourni les modèles nus qui ont servi à quelques uns de ses chefs d'œuvre ; bravant une ineffaçable honte, leur vanité se disputait effrontément le prix de la beauté. — Ces femmes, David nous les a nommées. Depuis, nous les avons vues, prêtresses bigottes de l'autel et du trône, poser, sous un voile religieux, pour des pinceaux royalistes. Nous tairons leurs noms par respect pour leurs familles et pour nous-mêmes. Nous n'aurions pas réveillé ces impurs souvenirs, s'ils n'aidaient point à donner une idée énergique et vraie de ces temps déplorables.

ne les déplacez pas du cadre pour lequel ils ont été faits : car c'est en suivant une méthode contraire que se forment presque toujours les faux jugemens historiques.

N'oublions pas que c'est au sein du désordre même que la nature médite ses plus hauts desseins et prépare ses plus rares merveilles ; le passage de l'enfance à la jeunesse s'annonce par une fièvre ardente de l'ame ; nos facultés ne s'étendent que par les passions.... — Considérée dans son ensemble, l'espèce humaine est soumise à ces révolutions et à ces lois ; et l'époque de la force et de la virilité des nations est aussi annoncée par des orages !

Situation extérieure de la France, années 1787-1788. — Succès maritimes. — Résultats de la guerre de l'indépendance américaine. — L'Angleterre. — Burke. — Pitt. — Lafayette. — Traité de commerce de 1786 [1].

Avant de parler des faits qui se sont passés en France dans le cours des années 1787 et 1788, nous croyons qu'on nous saura gré de donner une idée de la position politique des diverses puissances de l'Europe à cette époque (jusqu'au commencement de 89). Tout lecteur comprendra combien il lui est utile de connaître les faits politiques qui, au dehors, ont influé, d'une manière plus ou moins directe, sur les grands changemens que la France devait bientôt subir.

Dans les commencemens du règne de Louis XVI,

la situation extérieure de la France n'avait pas été sans gloire. La jeune indépendance de l'Amérique du nord protégée par nos armes ; une guerre maritime dans laquelle l'Angleterre avait appris de nouveau à redouter notre pavillon ; les victoires du bailli de Suffren ; quelques heureux combats des d'Estaing, des de Grasse, des Guichen, des Lamotte-Piquet, des Latouche-Tréville ; les expéditions des Lapeyrouse et des Bougainville ; les débris dispersés de l'empire d'Aureng-Zeib rassemblés, à l'ombre du drapeau français, par les deux génies du Maïssour, Haider-Aly et Tipoo-Saheb ; les tyrans des mers près d'être chassés de l'Indoustan ; tous ces succès, quoique balancés par de nombreux revers, avaient d'abord rendu au Gouvernement français une partie de sa prépondérance.

Il semblait que la liberté eût attendu la mort du dernier despote français, de Louis XV (car Louis XVI eut au moins des intentions patriotiques), pour donner à la France le premier signal des prodigieux événemens qu'elle devait bientôt accomplir. En 1775, Boston tira le premier coup de feu contre sa mère-patrie.

L'Angleterre avait perdu la plus belle portion de ses colonies continentales, pour avoir voulu les soumettre à son monopole et aux caprices de ses ministres et de son roi : —précédent fatal à la royauté, exemple où la servitude française puisa du courage et des espérances. En vain Chatam, père célèbre d'un fils plus célèbre encore (William Pitt) ; en vain Burke qui dé-

---

[1] Nous dirons ici, pour n'y plus revenir, que nous nous abstiendrons, le plus possible, d'étaler au bas de chacune de nos pages une vaine érudition historique ; il est évident que nos récits ne peuvent s'appuyer que sur la lecture, long-temps raisonnée, de tous les écrits bons ou mauvais qui ont paru avant le nôtre. Les citer à chaque page nous paraît être une prétention fatigante pour le lecteur, et une garantie pour le moins inutile, si l'on n'a pas, avant tout, confiance dans la probité de l'historien.

Nous nous contenterons donc désormais d'indiquer de loin à loin et en masse, les écrits moins connus, les mémoires inédits, les manuscrits qui sont en notre pouvoir ; nous réservant seulement le droit de citer, en particulier, les sources où nous aurons puisé un fait étrange, ignoré même des contemporains, ou l'écrit auquel nous aurons fait un emprunt direct.

Voyez pour les faits qui vont suivre : — Tableau des événemens civils, politiques et militaires qui ont accompagné les guerres des Français, et leur influence sur la civilisation et les progrès de l'esprit humain, t. 5. — Montgaillard. — Origine et vices de la constitution britannique. — Mémoires sur la révolution de Hollande, par Caillard, avec la décade historique du comte de Ségur. — Histoire des principaux événemens du règne de Frédéric Guillaume II. — Mémoires de Ségur. — Lettre de madame L...... à M. de Calonne, broch. 1789.—Lettre au même par Constantini, broch. 1789. — Lettre au roi, 4 octobre 1788. — Situation de la France, broch. 1788.— M. de Calonne tout entier, ouvr. crit. polit. et moral, par C... Bruxelles, avril, 1788. — Réponse de Calonne à M. Necker. 1788. — Mercure de France, années 1787 et 1788. — Mémoires de l'abbé Georgel, t. 4. — De Ferrières. — De Bailly, etc., etc. — Corresp. de Grimm, années 1787-8. — Mémoires secrets de Bachaumont, année 1787. — Lettre de l'abbé Sabatier de Castres à M. Necker, 7 septembre 1788. — Journal polit. nat., par Salomon. — Cambrai, 1789, etc. — Résumé général des cahiers de tous les bailliages, juin 1789. — Esquisse du règne de George III, ou coup d'œil sur l'état des cours de l'Europe, années 1787-8-9, 1 vol. etc.

butait alors dans la carrière de la parole, et le noble Fox, dont tout Français doit honorer la mémoire, s'étaient-ils efforcés de ramener ministres et roi à des plans plus conformes aux intérêts et à la dignité de la mère-patrie ; ils n'avaient point été écoutés.

Remarquons en passant que Burke, qui ne cessait de réclamer pour tous les peuples une *constitution libre*, changea tout à coup de langage à l'époque de la Révolution française, et devint l'ennemi le plus acharné de *la Déclaration des droits de l'homme*. — Car cette morgue anglaise qui, au dehors, s'affiche contre nous avec tant d'insolente hauteur, ne confond pas la France avec le reste du monde. La politique britannique dit : La France et l'univers ; et elle la hait autant qu'elle la redoute. Un moment son alliée, peut-être ; mais son amie dévouée, jamais. C'est la conséquence forcée des longs et antiques outrages qu'elles se sont réciproquement prodigués l'une à l'autre, et dont notre position géographique est la cause première... — Nous lui barrons l'Europe. — L'on verra, dans la suite de cette histoire, comment cette haine et cette crainte qui, d'ailleurs, conservent encore toute la force de deux sentimens nationaux, furent l'une des premières causes des excès qui dénaturèrent, en quelques parties, notre belle Révolution.

La protection armée, accordée en 1778, par Louis XVI, aux insurgés américains qui, d'ailleurs, se sont montrés depuis assez peu reconnaissans à notre égard, avait été noble, sans doute, mais peu prudente ; elle avait réveillé, aux portes de la France, un ennemi non moins dangereux qu'implacable, et les peuples dont elle avait aidé à briser la chaîne étaient trop faibles encore et trop éloignés de nous pour que leur alliance fût utile. Une monarchie fondée sur le droit divin eût dû prévoir qu'elle compromettait sa propre existence, en donnant l'exemple d'une telle atteinte à la suprématie royale. Mais l'honneur français avait saisi avec transport les moyens de se venger de l'humiliante paix de Paris (10 février 1763), par laquelle nous avions cédé à l'Angleterre nos plus importantes possessions coloniales, surtout ce Canada, cette autre France qui conservait avec tant d'amour les doux souvenirs de la vieille patrie.

Le gouvernement anglais avait reconnu l'indépendance américaine dans le traité de Versailles, dont les bases, jetées en 1782, ne furent définitivement arrêtées qu'en janvier 1783. — Le jeune émule de Rochambeau, le digne fils adoptif de Washington, Lafayette, avait été accueilli de toute la France avec ces transports d'enthousiasme dont notre ardente nation sait si bien récompenser ses héros ; quitte ensuite, nouvelle Athènes, à briser de ses propres mains son idole. — Trianon même s'était empressé d'offrir ses fêtes à l'heureux vainqueur d'Iorktown[1]. — Ainsi l'éloge des rois et le sourire des reines furent l'un des premiers triomphes du soutien de la cause populaire.

Ce traité de Versailles n'avait, d'ailleurs, réalisé aucune des larges espérances que la France avait conçues pour elle-même. — L'Angleterre, en qui l'on doit reconnaître le plus éminent esprit de nationalité, gémissant sur ses blessures sans les avouer, n'avait consenti qu'à quelques restitutions de peu d'importance, Sainte-Lucie, Tabago, la rivière du Sénégal, les îles de Gorée, de Saint-Pierre, de Miquelon, etc., etc. ; et, soit erreur, soit corruption de nos ministres, elle avait obtenu de tels avantages dans le traité de commerce passé entre elle et nous en 1786, que Pitt s'en était glorifié comme d'une victoire[2], et que tout le haut commerce français en avait poussé des cris de douleur et d'indignation.

Etat des puissances européennes avant la révolution, années 1787-88. — Politique du cabinet de Saint-James. — La Porte Ottomane. — Catherine II. — Guerre entre la Porte, l'Autriche et la Russie. — Gustave III. — Joseph II. — L'Italie. — L'Espagne. — Le Portugal. — Frédéric-Guillaume II.

Cependant le cabinet britannique nous avait considérés, avec raison, comme le principal agent de ses désastres ; il méditait de s'en venger. Tandis qu'il réparait en secret ses forces épuisées par six années d'une guerre malheureuse, ses agens parcouraient toutes les cours de l'Europe (1787-8) ; sa haine y combattait encore la France. Désarmée, mais par cela même plus dangereuse peut-être, partout l'Angleterre intriguait contre nous, partout elle irritait contre nous les soupçons et l'envie, entravait nos plans, nos traités, notre commerce, et préparait déjà cette lutte à laquelle la

---

[1] Où lord Cornwallis et son armée forte de 8000 hommes furent forcés de mettre bas les armes, le 19 octobre 1781.

[2] Tableau des finances soumis à la chambre des communes. — Juillet 1786.

liberté dut ses plus beaux triomphes , la gloire de nos armes Napoléon , et nos derniers revers la Sainte-Alliance.

La Porte qui , dès que les armées de la chrétienté eurent été soumises aux lois d'une rigoureuse discipline et d'une tactique savante , cessa peu à peu d'être la terreur de l'Europe , avait élevé , contre l'ambition toujours croissante de la Russie , de justes plaintes ; Catherine II les avait méprisées. Enivrée des éloges si peu philosophiques de Voltaire et de ses disciples , fière de ses derniers succès , dont l'un était un assassinat et l'autre un vol (le partage de la Pologne et la conquête de la Crimée), la Sémiramis du Nord rêvait la renaissance de l'empire d'Orient. Chacun des derniers actes de sa politique avait accusé et ses désirs et ses projets (1787-8). Ses intrigues menaçaient le divan dans les îles de l'Archipel , en Grèce , en Égypte ; des troupes russes avaient envahi les vallons du Caucase ; enfin son célèbre voyage en Crimée , cent mille Russes réunis en Ukraine , une flotte nombreuse à Kherson et dans le vaste port de Sévastopol , son alliance avec Joseph II , qui , de son côté , bordait de soixante mille hommes les frontières de la Silésie , le traité de commerce signé avec la France (1787), etc., légitimaient les inquiétudes de la Porte. — La guerre s'était allumée entre la Porte , l'Autriche et la Russie.

Gustave III , que la sanglante vengeance du sénat suédois , dépouillé par lui de son pouvoir , devait bientôt arrêter (16 mars 1792) dans sa carrière de folle ambition et de forfanterie chevaleresque , après avoir conclu avec la Russie et le Danemarck un traité de neutralité utile au commerce du Nord , était sur le point d'essayer ses forces contre ces deux puissances. Peu content d'avoir ressuscité , en Suède , l'absolu pouvoir de Charles XII , il songeait à jouer , au dehors , le rôle de ce héros.

L'empereur d'Allemagne , Joseph II , honnête homme , mais prince faible et systématique , après avoir formé les plus vastes projets , les avait vus tous échouer par défaut de prudence , de vigueur et d'ensemble. Un sombre chagrin minait ses jours ; dans son règne d'un moment , il comptait la Silésie arrachée à ses domaines héréditaires , les troubles de Hongrie, de nombreuses défaites essuyées contre les Turcs , et la perte probable du Brabant qu'il avait vainement voulu soumettre à d'impolitiques innovations. — On verra plus tard comment sa sœur , Marie-Antoinette , fut accusée , au sujet de la révolte de la Belgique , d'avoir livré l'or de la France à son frère.

Ganganelli , Clément XIV , était mort le 22 octobre 1774 ; — Pie VI (Jean-Ange-Braschi) occupait la chaire de Saint-Pierre.

L'Italie était tranquille. — Venise achevait d'accomplir ses sombres destinées sous les lois d'un sénat , tyran domestique qui , au dehors , se courbait devant toutes les puissances. — Gênes et le Piémont vivaient sous la protection de la France ; — Naples végétait sous celle de l'Angleterre. — Un prince bon et sage , Léopold , qui devait bientôt succéder à son frère Joseph sur le trône impérial (20 février 1790), gouvernait la Toscane qui l'adorait comme un père.

Au sud-ouest de l'Europe , le Portugal n'était toujours qu'une province tributaire de la Grande-Bretagne. — Languissante de faiblesse , l'Espagne , ainsi que sa cour monacale , s'occupait bien plus des intrigues amoureuses de sa reine et de la rapide fortune du favori de Charles IV , le jeune et beau Manuel Godoï , depuis duc de la Alcudia , si connu ensuite sous le nom de prince de la Paix , que de tous les différens des princes de l'Europe et de ses propres intérêts politiques.

La Prusse avait perdu son grand Frédéric (1786), et , avec lui , la majeure partie de sa prépondérance. Indigne neveu de ce héros , son successeur Frédéric-Guillaume II , livré aux caprices de ses maîtresses et de ses favoris et au charlatanisme des illuminés , avait abandonné les rênes du gouvernement au ministre comte de Hertzberg , dont la prudence et la fermeté servirent un moment de contrepoids aux folies de son maître. Guidée par Hertzberg , la Prusse , inquiète de l'étroite union de l'Autriche et de la Russie , avait excité la Turquie à déclarer la guerre à ces deux puissances ; elle s'était emparée de Dantzick et de Thorn , et , profitant de l'inconcevable incurie de notre ministère , elle venait d'appuyer de vingt mille hommes , contre les patriotes hollandais , les tyranniques usurpations du stathouder Guillaume V. Disons un mot de cette affaire qui eut alors une influence marquée sur les destinées de la France.

Guillaume V était arrivé au stathoudérat en 1786. Dans la constitution primitive des Sept-Provinces-Unies, les stathouders, comme on le sait, n'étaient que les délégués de la puissance exécutive. Mais, peu à peu, ils avaient envahi les plus importantes prérogatives du pouvoir législatif. — Il en sera toujours ainsi en des chartes de cette nature : d'un côté, unité d'action, égoïste énergie d'une seule volonté, mêmes désirs, mêmes vœux de famille, mêmes préceptes quasi sucés avec le lait, quasi passés dans le sang, transmis du père au fils comme devoir héréditaire, comme évangile de despotisme, mille moyens d'éluder des sermens ; — de l'autre, faisceau trop souvent disjoint, confiance trop aveugle, intérêts de localité, espérances trop faciles à amuser comme à décevoir, familles flottantes, corruptions individuelles. — Quelques amis sincères de la haute liberté des peuples pensent même qu'une monarchie républicaine, sous quelque dénomination qu'elle soit créée, n'est qu'une anomalie sociale et politique, qu'une impossibilité métaphysique et morale. — Tant qu'un peuple, disent-ils, seul maître légitime des deux puissances, donnera, à l'usufruit de la plus importante des deux, force de propriété absolue, sa liberté ne sera, en réalité, qu'un vain mot et qu'un hochet de forum. F. Cooper a dit avec raison dans sa belle légende américaine, *Lionel Lincoln* : « L'ÉGALITÉ et la LIBERTÉ ne font point partie du métier de prince. »

Fidèle à l'exemple donné par ses aïeux, mais plus ambitieux encore, Guillaume V crut avoir trouvé le moyen d'étendre ses priviléges et sa puissance. Malgré la défense expresse de la loi constitutive, il voulut influencer en secret le choix des magistrats des villes et celui des députés ; les Etats, composés ainsi de ses créatures, lui auraient assuré l'autorité suprême. Ces tentatives furent bientôt connues et déjouées. Soutenus d'abord par la France, les patriotes, dont la plupart voulaient la chute du prince et du stathoudérat, aigrirent aisément le mécontentement national : la presse attaqua Guillaume ; celui-ci voulut la restreindre ; ses troupes marchèrent contre Hattem

et Elbourg ; — de toutes parts on courut aux armes.

Le ministère français avait fort bien compris d'abord que les troubles de la Hollande menaçaient sa propre tranquillité, et que la force indépendante de cette république était la plus utile alliée qu'il pût, dans tous les temps, opposer à l'Angleterre. La conduite du cabinet de Saint-James devait donc être tout-à-fait contraire à ces vues politiques du cabinet de Versailles ; aussi, s'efforça-t-il de rendre nulles toutes les mesures d'accommodement proposées par les ministres de Louis XVI, et d'abord accueillies par le prince d'Orange et le peuple hollandais. — Soutenu de l'Angleterre et de la Prusse, Guillaume fit entendre un langage plus despotique ; les États prononcèrent sa déchéance. C'est alors que le roi de Prusse, sous prétexte d'un affront fait à sa sœur, la princesse d'Orange, fait avancer 20,000 hommes vers la Westphalie. Une simple démonstration de la France eût arrêté la marche du duc de Brunswick. Quelques conseillers de Louis XVI, plus sages ou mieux intentionnés, demandaient qu'on envoyât sur-le-champ quelques troupes à Givet. Frédéric-Guillaume n'aurait pas osé s'attaquer à la France. La marche timide du duc de Brunswick l'attestait : mais bien convaincu enfin que notre ministère ne ferait contre lui aucune démonstration hostile, le duc avait pénétré en Hollande jusqu'à La Haye ; et Guillaume V, uni à l'Angleterre et à la Prusse, avait, à notre plus grande honte, établi son autorité despotique sur les débris de ce parti patriote dont les intérêts s'unissaient si intimement aux nôtres.

Ainsi le gouvernement français, après avoir bravement combattu l'Angleterre dans les mers de l'Inde et sur le continent américain, avait lâchement cédé à l'influence de sa politique. — Il paya cher son impardonnable insouciance ou pour mieux dire l'ineptie de ses ministres : — l'Anglais redevint le tyran des mers, et la considération de la France fut de nouveau perdue, jusqu'au jour où la liberté lui rendit ses armes.

Telle avait donc été la situation politique de l'Europe pendant les deux années qui précédèrent la Révolution. Quant à la France, elle avait payé, comme on l'a vu, tous les frais d'une guerre longue et dispendieuse sans en retirer aucun fruit. « Renverser la puissance anglaise dans l'Inde, dit un contemporain (Servan), lui enlever le Canada et peut-être la Jamaïque, n'eût pas été une entreprise impossible :

la France n'avait rempli aucun de ces objets. Après avoir laissé partager la Pologne, humilier et enchaîner les patriotes en Hollande, passer Dantzick sous la domination prussienne, déclarer la guerre à la Turquie, la France aurait encore pu réussir à former une alliance avec la Russie, l'Espagne et l'Autriche, pour s'opposer à l'ambition menaçante des Prussiens et des Anglais : par cette alliance, elle eût sauvé la Pologne, rassuré la Turquie, contenu la Suède, forcé l'Angleterre et la Prusse à souscrire à des arrangemens qui eussent ramené tous les partis, sans les fautes trop multipliées de notre ministère. »

Ce ministère était la honte de la France. — Calonne, au commencement de 1787, après quatre ans d'une administration coupable, avait achevé de dilapider nos dernières ressources financières ; — et non moins coupable et bien plus odieux, Loménie de Brienne, en 1788, consommait, comme à plaisir, la ruine de la monarchie.

(Ann. 1787-88.) Calonne ; son portrait; son administration financière; ses profusions. — Anecdote à ce sujet. — Le déficit. — Première Assemblée des notables, 22 février 1787. — Renvoi du garde des sceaux Miromesnil. — Chute de Calonne.

Calonne était arrivé au ministère en 1783, sous les plus défavorables auspices. Des souvenirs anti-patriotiques entachaient son nom. Il avait été l'agent principal de cette commission qui fut érigée en 1765-66, à Rennes et à Saint-Malo, contre les magistrats du Parlement de Rennes et notamment contre La Chalotais. Tout le monde sait que ce célèbre procureur-général avait, dans ses comptes-rendus, dévoilé le vice des constitutions et du régime des jésuites, et qu'il s'était opposé de tout son pouvoir, pendant les États de Bretagne de 1762, aux manœuvres et au rétablissement de ces perfides et implacables ennemis des libertés de l'Eglise gallicane et de la liberté de la France. Créature dévouée des jésuites et du méprisable duc d'Aiguillon, Calonne avait chaudement servi leur haine et leur vengeance contre l'illustre magistrat. L'intendance de Flandre avait alors récompensé son zèle.

Successeur de Necker, Calonne avait offert, avec le ministre genevois, le plus étrange contraste : celui-ci, froid, sec, compassé, beaucoup trop pédamment systématique dans son administration comme dans son langage pour pouvoir plaire à la cour, de formes et de manières presque puritaines, dédaigneux des suffrages de la cour, jaloux des succès populaires, d'une probité inflexible, non moins inflexible aux demandeurs ; — celui-là plein d'esprit et de graces, courtisan à la Richelieu, aimable et brillant auprès des femmes, sacrifiant tout à ses passions, ne refusant rien à ses maîtresses et à ses flatteurs. — Ces deux hommes étaient l'image vivante de la *Recette* et de la *Dépense*.

Une coterie, moins nombreuse que puissante, principalement composée de jolies femmes, de femmes à la mode, faction toujours si agissante en France, et surtout de la noblesse de cour qui espérait puiser à pleines mains dans le trésor royal, avait promis à la France, dans le nouveau contrôleur-général, à la fois un Sully et un Colbert. On vantait hautement ses connaissances et les ressources de son génie. — Il est vrai, comme nous l'avons dit, que Calonne ne manquait ni d'esprit, ni de talens, ni d'adresse : mais il n'avait aucune des vertus qui forment le véritable homme d'état, et encore bien moins celles qu'on doit exiger d'un ministre des finances. Quand un ministre manque de probité, toutes les qualités de son esprit, quelque brillantes qu'elles puissent être, sont bien plus nuisibles qu'utiles à la branche d'administration qui lui est confiée : — Dénué de toute idée d'ordre et d'économie, sans principes arrêtés, esclave d'un luxe et d'un libertinage sans frein, Calonne était ce ministre.

Nous lisons dans plusieurs pamphlets du temps[1], confirmés d'ailleurs par les récits des contemporains, que son impudence sybarite n'admettait dans les foyers de ses boudoirs et de ses petites maisons que du bois de rose, alors destiné seulement à des meubles de luxe, et dont le prix eût fait vivre tant de familles. Souvent, par une sorte d'insolent défi, il allumait la bougie de sa maîtresse avec des billets de caisse. On se souvient des *pistaches à la Calonne*, de ces bonbons enveloppés dans cent billets de caisse d'escompte, chacun de mille livres, qu'il osa donner pour étrennes à une artiste célèbre dont il fut long-temps l'amant. Lors de la vente du Château-Trompette, cette heureuse favorite, chez qui fut traitée cette affaire, reçut 300,000 livres de

Fin.

[1] Lettre de madame Le B. à M. de Calonne, broch. in-8°, 1789. — Réponse de M. de Calonne, id. id. — M. de Calonne tout entier, par C*** (Constantini), avril 1788, etc., etc.

HISTOIRE PITTORESQUE

DE

LA RÉVOLUTION FRANÇAISE

PAR M. ANTONY-BÉRAUD;

PUBLIÉE

AVEC CENT DESSINS,

D'APRÈS

DAVID	GIRARDET,	PRIEUR,
DUPLESSIS-BERTHAUD,	LECOUVREUR,	SWEBACH, ETC.

REMIS EN LUMIÈRE ET AUGMENTÉS DE DESSINS ORIGINAUX

PAR MESSIEURS

BELLANGÉ.	DELAROCHE (PAUL).	JOHANNOT (TONY).
CHAMPMARTIN.	DEVÉRIA (ACHILLE).	MONVOISIN.
CHARLET.	DEVÉRIA (EUGÈNE).	NOEL (LÉON).
CIBOT.	DUPONT (H.)	ROQUEPLAN.
DAVID (JULES).	GARNERAY.	SCHEFFER AINÉ.
DECAISNE.	ISABEY (EUGÈNE).	SCHEFFER JEUNE.
DECAMPS.	JEANRON.	VERNET (HORACE).
DELACROIX (EUGÈNE).	JOHANNOT (ALFRED).	ETC., ETC.

De toutes ces grandes époques qui, de loin à loin, jalonnent les siècles, qui, puissamment imprimées dans la vie d'un peuple, point central où viennent aboutir toutes ses annales, dominent son histoire et sont l'éternelle leçon de tous les âges, la plus merveilleuse, la plus riche de souvenirs, la plus féconde en résultats prodigieux, c'est sans contredit celle de la Révolution Française, — « cette révolution terrible et mémorable autant que glorieuse au nom français, a dit Napoléon, qui, par ses causes, son but, chacun de ses événemens, se distingue à jamais de toutes les autres dans l'histoire du monde, et qui, jusque dans ses excès mêmes, a conservé le caractère de grandeur qui lui convient. »

Cette époque est telle, non seulement pour la France, mais même pour l'Europe, que tous les siècles qui l'ont précédée, quelque féconds qu'ils aient pu être en commotions étranges, semblent n'avoir été qu'une lente préparation à ce gigantesque drame.

La Révolution Française, c'est la révolution de l'esprit humain ; c'est le résultat, si long-temps médité, trop long-temps attendu, de toutes ses conquêtes partielles.

Avec elle, tout a changé, les hommes encore plus que les choses ; des idées nouvelles ont enfanté des hommes nouveaux.

Nul peuple, dans quelque âge qu'on veuille le chercher, n'a offert le tableau que les Français ont présenté à l'univers pendant le court espace de dix années, depuis ce jour où la parole de Mirabeau glaça d'effroi les envoyés du pouvoir, surtout depuis ce 14 juillet, jour d'espérance et de gloire où nous cessâmes d'être divisés en deux peuples, jusqu'à celui où cet autre merveilleux phénomène, cet Hercule gaulois qui de quinze ans fit un siècle, noya, pour un temps, en des torrens de gloire, les vœux des hommes libres.

C'est dans la Révolution Française que tout le passé et tout l'avenir de la France se sont donné rendez-vous ; alors ont été enfin couronnés du succès, tant d'efforts d'un peuple qui, depuis tant de siècles, s'agitait dans ses chaînes ; c'est de là que date son existence nouvelle; toute l'histoire de notre vie présente est là. Si nos ancêtres pouvaient sortir du tombeau, si nos neveux pouvaient s'élancer à la vie, les uns et les autres ne verraient qu'un point dans nos orageuses et sanglantes annales : LA RÉVOLUTION.

Du moment qu'un grand peuple a été admis à la discussion de ses droits, là commence son histoire : jusque là on n'a écrit que l'histoire de ses chefs. Et c'est pourquoi les annales des anciens nous offrent tant d'intérêt, à nous autres peuples, c'est que les peuples y sont acteurs.

Or, s'il est vrai de dire que c'est à cette grande époque que commence réellement l'histoire du peuple et non plus celle du souverain, il sera non moins vrai de dire que connaître à fond l'histoire de la Révolution Française, c'est avoir fait un pas immense dans la connaissance de ses droits et de ses devoirs, comme Français et comme citoyen.

Ce devrait être une des premières études ouvertes à de jeunes esprits faits pour méditer, un jour, sur les besoins et la gloire de la patrie. Une chaire spéciale d'histoire, à ce sujet, à ce sujet seul, serait de la plus haute utilité.

Car, nous le disons à regret, il est évident pour ceux qui, comme nous, peuvent journellement parcourir presque tous les rangs de la société, que la plupart de nos concitoyens, même ceux qui ont acquis un certain degré d'instruction, sont à l'égard de la Révolution, d'une ignorance presque complète. Ils connaissent bien quelques dates, quelques faits ; mais ces dates sont, pour eux, non moins muettes que les chiffres du calendrier avec les noms des saints qui les escortent ; et, ces faits, ils n'en ont approfondi ni les causes ni les résultats, ou n'en ont retiré que des opinions erronées, fruit des oui-dire ou des préjugés de leur enfance.

Nous nous citerons nous-même pour exemple. Sous l'Empire, au collége, quelle étrange physionomie avait prise à nos yeux la Révolution Française ! Que d'erreurs déplorables dans notre manière de voir, de sentir, de juger ! — Enfin, nous avons lu, médité, comparé ; nos yeux se sont ouverts.

Toute sagesse humaine est comparaison, réminiscence. A chaque événement du présent, heureux celui de qui la mémoire peut aller puiser un exemple dans les temps écoulés ! C'est un guide, un appui qu'il invoque, et qui ne lui manque jamais ; c'est un livre ouvert sous ses yeux, et dont il peut, à chaque instant, feuilleter les pages. — La leçon du présent est aigre, mordante, passionnée ; celle du passé, calme, froide, persuasive ; c'est la voix d'un vieillard et d'un sage qui vous admet au conseil de son expérience, sans même vous demander d'en partager avec vous les fruits.

« Il est temps, a dit Manuel, que dans un siècle si « éminemment imprégné de l'amour du vrai, si bien « doté d'un vrai sentiment philosophique, les leçons « de nos pères ne soient point perdues pour nous ; il « est temps de bien apprendre à juger, par un esprit « mathématique, les hommes et les choses, en comparant. » — Et cette expérience, source féconde de prospérité pour les peuples comme pour les individus, qui peut mieux nous l'acquérir que l'intime appréciation des plus étonnantes pages de notre histoire?

La disposition des esprits, il faut en convenir, seconde plus que jamais cette nécessité de notre âge. Souvent faite et refaite, l'histoire de la Révolution Française semble toujours à faire, ou, du moins, toujours nouvelle. Des écrivains distingués ont, surtout dans ces derniers temps, consacré d'heureux travaux à cette noble étude ; mais ils n'ont pu fermer la carrière. Le temps n'est pas encore venu où un historien, nouveau Tacite, doit recueillir et rassembler, en un seul faisceau, toutes les annales de cette époque mémorable et faire oublier ses devanciers. Trop d'intérêts contraires nous divisent encore ; trop de passions fortes et d'inquiètes prévisions grondent encore dans le sein de ce grand peuple... Sa lutte n'est pas terminée.

Persuadé, comme le sont tous les amis de la liberté, qu'il faut enfin inoculer à la masse des notions justes et positives sur une époque à laquelle se rattache si intimement notre existence politique (et tous les partis sont de cet avis, mise à part la différence des inductions qu'ils en tirent) ; persuadé que, mal jugée, elle entraîne à des fautes, mais qu'un homme qui a de la Révolution une idée juste et positive, est de toute nécessité, au temps présent, un bon citoyen ; nous apportons aussi notre tribut à cette immense et généreuse source d'instruction patriotique.

Nous avons appelé à notre secours tout ce qui pouvait ajouter à l'intérêt, à la couleur et à la vérité de la narration. Nous espérons qu'on nous saura gré de la nouveauté du cadre que nous avons adopté. Nous n'avons négligé aucun document, de quelque nature qu'il soit, qui peut aider à bien saisir l'ensemble ou le caractère général de la Révolution, tout en peignant la physionomie particulière de chacune de ses phases.

Nous racontons les faits sous l'inspiration de cette pensée de Lucien : *Un historien ne doit être que narrateur;* mais nous les avons puisés aux meilleures sources, et nous avons interrogé la conscience de nos plus vertueux vieillards.

Au récit, nous joignons la représentation de l'action même qu'il rappelle, action tout imprégnée de sa localité, de sa vérité du moment, prise sur le temps, retracée avec cet à-propos d'époque, cette actualité qui donne au crayon, même le plus médiocre, une vérité qui plaît, une animation qui enchante.

Mais ce n'est point encore assez : une esquisse, par année, des mœurs, de la littérature et des arts, les modes, les costumes, les caricatures qui sont au grave dessin ce que les *mémoires secrets* sont à l'histoire, viennent contribuer à l'ensemble du tableau.

Le dessin, appliqué au récit d'un fait, lui prête ce langage graphique qui aide si puissamment à l'imprimer dans la mémoire ; il sert à en compléter l'expression. Aucune parole ne peut suffire à de certains tableaux, a dit Cuvier. Aussi, dans telle œuvre du statuaire ou du peintre, dans telle empreinte numismatique, on a retrouvé l'histoire de toute une époque de la civilisation. C'est comme ces monumens de l'art qui sont l'histoire de l'art même.

Chaque acte de ce drame extraordinaire a sa physionomie qui lui est propre, son escorte de modes, de coutumes, de langage, d'habillemens, expression de la pensée publique, couleur des partis où se reflète leur politique, effets de grandes causes qui amènent eux-mêmes des causes nouvelles. Chacun de ses actes a sa grande scène, sa péripétie, ses acteurs, tous différens de costume et d'allure.

Dans les temps de commotions populaires, la forme d'une coiffure est une pensée profonde, la coupe d'un habit un symbole adoré.

Je n'ai bien compris tout cet homme qu'en voyant son portrait ; pour que je saisisse bien toute la portée de cette scène, offrez-la-moi dans sa localité.

Que je voie tour à tour passer sous mes yeux la crinière de lion de Mirabeau, et la coquette calotte de l'abbé Maury ; les *oreilles de chien* de Billaud-Varennes, et la chevelure achilléenne de Danton ; l'habit vert à larges boutons d'acier du fédéraliste, et la redingote brune à trois collets ; les cheveux plats et la cravate à la batelière du montagnard ; les petits crochets poudrés et le jabot du modéré, et la veste ronde et le bonnet rouge du jacobin ; l'énorme cravate et le gourdin à nœuds du muscadin, et le chapeau retroussé et le mouchoir blanc de Charette : — seul, à part sur ce vaste théâtre, Robespierre, dont la mise semble contredire la religion politique, mais non pas pour un spectateur qui sait voir et juger. — Montrez-moi cette chambre de Varennes, la chambre même d'où Louis XVI fit son premier pas vers l'échafaud ; — et ce Carrousel *tel qu'il était alors*, quand, au 10 août, Barbaroux y lança les flots de la tourmente révolutionnaire ; — et ce Palais-Royal *tel qu'il était alors*, quand Camille-Desmoulins, un pistolet dans chaque main, y appela la nation aux armes ; lorsqu'on y brûla, au lieu même où nous voyons aujourd'hui un Lassin, l'effigie du pape ; — et ce Temple, et cette Bastille aux énormes tours écroulées avec la monarchie.... — Qui pourrait nier l'intérêt qu'ajoute au récit une telle suite de tableaux faits.

non pas de souvenir, mais d'après nature, sur les acteurs, sur les lieux mêmes?

C'est ainsi que, dans notre ouvrage, la plume et le crayon se fortifieront l'un par l'autre; présenté à la fois à l'œil et à l'esprit, tout, dans une telle narration, semblera se mouvoir, tout viendra aider à la vigueur, à la puissance, à la *vie* de cette imposante leçon du passé.

Un tel travail exigerait, sans doute, un talent consommé. Nous n'avons qu'un espoir : c'est que tous les bons Français, quelle que soit la nature de leur opinion, nous sauront gré de l'avoir entrepris.

ANTONY-BÉRAUD.

CONDITIONS DE LA SOUSCRIPTION :

L'HISTOIRE PITTORESQUE DE LA RÉVOLUTION FRANÇAISE, par M. ANTONY-BÉRAUD, formera deux volumes in-quarto, qui seront publiés par livraisons.

Il paraîtra deux livraisons tous les mois.

Chaque livraison contiendra une feuille d'impression et deux dessins exécutés par nos premiers artistes, représentant des fêtes populaires, batailles, exécutions, séances des parlemens et assemblées nationales, fêtes républicaines, combats navals, pillages, massacres, caricatures, modes du temps, enfin les scènes les plus dramatiques et les plus pittoresques de la Révolution Française.

Les deux premières livraisons paraîtront le 5 septembre.

PRIX DE CHAQUE LIVRAISON : UN FRANC.

(*Il faut ajouter* quinze centimes *par livraison pour les départemens.*)

SOMMAIRE DE LA PREMIÈRE LIVRAISON :

Tableau de l'ancienne France. — Ses divisions en gouvernemens, intendances, sénéchaussées, élections, bailliages, diocèses. — Ses lois, ses mœurs. — Sciences, littérature. — Beaux-arts. — Finances. — Situation de l'Europe avant la Révolution. — Partage de la Pologne. — Guerre d'Amérique. — Luttes des parlemens contre la couronne, etc., etc.

DESSINS.

N° 1. Une séance royale au parlement.

N° 2. Le gâteau des rois (partage de la Pologne), Caricature anglaise.

N° 3 et 4. Danse des grands seigneurs avec les harengères de la Halle. — Ancien pilori.

ON SOUSCRIT A PARIS,

CHEZ ALEXANDRE MESNIER, ÉDITEUR.

23, RUE LOUIS-LE-GRAND.

DANS LES DÉPARTEMENS, CHEZ TOUS LES DIRECTEURS DE POSTE.

Nota. A partir de la troisième livraison, le prix de chaque livraison sera porté à 1 fr. 50 c.

IMPRIMERIE ET FONDERIE DE A. PINARD, QUAI VOLTAIRE, 15.

HISTOIRE PITTORESQUE

DE LA

RÉVOLUTION FRANÇAISE.

INTRODUCTION.

« On dit ordinairement que l'histoire ne doit paraître que long-temps après la mort de ceux dont elle parle ; autrement, on craint que l'écrivain n'ait pas eu les moyens de s'instruire, ou n'ait trahi la vérité... — Je pense au contraire que l'histoire, pour être utile, ne saurait paraître trop tôt. Il serait à désirer que ceux qui ont part au gouvernement pussent entendre d'avance la voix de la postérité, subir la justice historique, recueillir l'éloge ou le blâme qu'ils méritent, apprécier les louanges infectes de leurs adulateurs, connaître les vrais jugemens du public, se voir enfin, tels qu'ils sont, dans le miroir de l'histoire. »

Cette opinion de Duclos est la nôtre : mais nous l'asseyons sur une base bien plus large. Il ne s'agit plus seulement ici d'apprendre à quelques fils de rois, de grands, de ministres, ce qu'étaient leurs pères, ou d'exciter en eux le désir des mêmes éloges, ou la crainte du même blâme : ici c'est une nation tout entière s'instruisant par ses propres exemples.

La tâche que nous nous sommes imposée est immense, nous le savons ; on peut, on doit nous demander compte des motifs qui nous ont déterminé à l'entreprendre, et de nos droits, comme historien, à la confiance de nos concitoyens. Les voici.

Nous n'entrerons pas dans l'examen critique des divers ouvrages qui ont été composés sur la Révolution française. Nous les avons lus tous ou presque tous ; il en est peu, —du moins, nous le croyons, qui aient pu échapper à nos recherches : journaux, mémoires, essais historiques, opinions, pamphlets, rapports, manuscrits mêmes, ont été tour à tour soumis, pendant quatre ans, à des méditations consciencieuses. Ceux-ci, écrits à l'époque même qu'ils retracent, sont trop imprégnés de la passion du moment ou de la couleur des partis ; ceux-là, publiés sous les premiers jours du Consulat, ont été frappés d'une juste réprobation ; quelques autres, et spécialement ceux qui ont paru il y a peu d'années, ont mérité à leurs auteurs une gloire réelle et légitime ; mais il nous semble qu'en général ces derniers écrits, quelque estime qui leur soit due, sont plutôt des opinions politiques à propos de la Révolution, que l'histoire de la Révolution même.

Et cela devait être ainsi. Alors on osait encore douter de nos droits ; les plus hautes questions de notre existence politique devaient donc dominer, presque seules, la pensée de l'historien. Dans chaque parti, on s'occupait bien moins des faits que de leurs résultats ; il s'agissait bien moins d'apprendre la Révolution à ceux qui l'ignoraient, que de l'expliquer à ceux qui l'avaient mal comprise, et de lutter contre d'incorrigibles rêveurs, qui, tout en jouissant des bienfaits de la liberté, s'obstinaient à nier sa conquête.

Au moment où nos écrivons, on n'en est plus à justifier la Révolution ; ses ennemis eux-mêmes feignent de l'accepter. Le peuple a pulvérisé de folles espérances et des allégations menteuses. Le sang de juillet 1830 a cimenté l'opinion de juillet 1789. On l'a dit une révolution est un fait, et un fait ne se détruit que par un résultat entièrement inverse ; or la contre-révolution est impossible. Que maintenant la vérité parle donc par les faits seuls.

Quant à nous, né en 1792, c'est-à-dire dans les entrailles mêmes de la Révolution française, notre berceau a été jeté au milieu de ses luttes terribles, de ses pompes, de ses

terreurs et de ses chants de triomphe. Nous sommes donc contemporain et non acteur d'une grande partie des événemens que nous allons décrire, et notre âge nous place à ce point d'optique où l'on peut juger plus sainement les faits et leurs résultats. Nous avons pu, comme le veut, pour tout historien, le vieux chroniqueur anglais Sleidan, — « converser avec plusieurs de ceux qui ont pris part aux affaires. » Membre de cette classe moyenne qui permet d'atteindre plus aisément aux deux extrémités de l'échelle sociale, nous avons extrait d'utiles récits de ces gens qui, spectateurs impassibles, voient passer devant eux une révolution, du même œil dont ils jugent les événemens de la Seine, du haut des parapets de nos quais. Nous avons personnellement connu quelques uns des personnages historiques dont nous avons à parler; nous vivons même encore avec plusieurs d'entre eux.

Libre, indépendant, sous quelque pouvoir qui ait pesé sur la France, nous n'avons sollicité, nous n'avons reçu d'aucun gouvernement ni places ni faveurs. Le Gouvernement qui n'est plus affectait de nous donner pour frères aînés, à nous autres jeunes et purs enfans de la liberté, les stipendiés du sceptre impérial : nous repoussons cette parenté. Soldats sous l'Empire, nous avons fidèlement rempli nos devoirs guerriers, mais en nous rappelant toujours la date de notre naissance. Il y a quatorze ans, lorsque tant de gens qui, depuis, ont élevé la voix, se taisaient devant les échafauds et les piloris de l'exilé de Gand, nous disions à la France :

..... N'oublions jamais qu'en tes pressans besoins,
Un Français qui s'exile est un guerrier de moins...
Écoute le serment que te fait mon jeune âge.
Il jure devant toi de fuir tout esclavage.
Tu ne l'ignores pas ; tous ces honneurs pervers
Dont vous paie un tyran quand il vous met aux fers,
Rangs, honneurs, titres vains évoqués de Versailles,
Je ne les cherchai pas sous le feu des batailles...
Plébéien, vers les camps par la gloire emporté,
Je demandai la gloire avec la liberté...
Oui, c'est toi que j'atteste, ô puissante déesse,
Liberté, dont l'amour a guidé ma jeunesse...
Je reste à la patrie, et lui voue à jamais
Et ma vie et mon ame et mon cœur tout français.
A la servir encore mon audace occupée
S'armera d'une lyre à défaut d'une épée !

(Le Rappel, *à mes anciens compagnons d'armes.*)

Voilà la première fois que nous osons entretenir ainsi de nous le public ; mais on nous pardonnera peut-être, si l'on veut bien prendre cette franche déclaration de principes pour ce qu'elle est en effet, c'est-à-dire comme un engagement sacré de tout faire pour remplir en honnête homme les devoirs qui nous sont imposés.

TABLEAU DE L'ANCIENNE FRANCE.

Tous ceux qui ont écrit sur la Révolution française n'ont pas manqué de faire précéder leurs récits d'un aperçu plus ou moins long des causes qui l'ont amenée. — Nous consacrerons aussi quelques pages à cet examen nécessaire. Mais, pour bien juger de toute l'étendue d'un bienfait, il faut moins examiner celui qui le rend que celui qu'il oblige. — Nous croyons donc devoir présenter d'abord le tableau de la vieille France, et montrer à nu ce qu'elle était avant qu'accomplissant sur elle la fable d'Eson et de Médée, la Révolution l'eût rajeunie.

Nous allons jeter un rapide coup d'œil sur son gouvernement, ses formes administratives, ses divisions étranges, le chaos plus étrange encore de ses lois et de ses coutumes. — La Cour, les Parlemens, les trois ordres, le commerce, l'industrie, les finances, les mœurs, les sciences, seront tour à tour l'objet d'une courte analyse.

Les causes générales et naturelles, particulières et immédiates de la Révolution, jailliront alors d'elles-mêmes de cette esquisse fidèle.

Alors tout esprit impartial comprendra que le malheureux époux d'Antoinette monta sur le trône à une époque où le plus ferme caractère n'aurait pu lutter contre l'entraînement des choses. Depuis long-temps, avons-nous dit ailleurs (1), tout était préparé pour les événemens dont Paris allait devenir le

(1) Introduction au Dictionnaire historique de Paris, par Antony-Béraud et Dufey (de l'Yonne), 2e édition, Barba.

théâtre. Le fruit était mûr ; il devait tomber : il tomba. Ceux qui ont pensé qu'au 10 août un monarque à cheval aurait pu ressaisir sa couronne, n'ont jamais compris la Révolution.

Alors le lecteur le moins éclairé applaudira de conviction à ce beau passage de madame de Staël (1) : « Si le commerce s'est ouvert de nouvelles routes, si les progrès de l'agriculture sont inconcevables.... c'est à la Révolution qu'il faut l'attribuer. La France de l'ancien régime aurait succombé à la millième partie des maux que la France nouvelle a supportés. La division des propriétés, par la vente des biens du clergé, a retiré de la misère une très nombreuse classe de la société. C'est à la suppression des maîtrises, des jurandes, de toutes les gènes imposées à l'industrie, qu'il faut attribuer l'accroissement des manufactures, et l'esprit d'entreprise qui s'est montré de toutes parts. Enfin, une nation depuis long-temps attachée à la glèbe, est sortie, pour ainsi dire, de dessous terre ; et l'on s'étonne encore, malgré les fléaux de la discorde civile, de tout ce qu'il y de talens, de richesses et d'émulation dans un pays qu'on délivre de la triple chaîne d'une église intolérante, d'une noblesse féodale, et d'une autorité royale sans limites. »

Provinces et pays compris dans l'ancien royaume de France.

La vieille France (2) était composée de trente-neuf provinces, qui renfermaient un nombre de pays plus ou moins considérable. Comme la plupart de ces noms reviendront souvent dans les premières parties de notre histoire, nous les donnerons ici.

1. La PICARDIE, Haute et Basse. La Haute renfermait l'Amiénois, le Santerre, le Vermandois, la Thiérache, le Beauvoisis, le Soissonnais, le Noyonnais et le Laonnais. La Basse, le Calaisis ou pays reconquis, le Boulonnais, le Pontieux et le Vimeux. — 2. Le COMTÉ D'ARTOIS. — 3. La FLANDRE FRANÇAISE ou les PAYS-BAS FRANÇAIS. Elle contenait la Flandre maritime, la Flandre Wallonne, le Cambrésis et le Hénaut français. — 4. La NORMANDIE, haute et basse. La Haute contenait le pays de Caux, le pays de Bray, le Vexin normand, le Roumois, le pays d'Ouche, le Lieuvin, le pays d'Auge. La Basse, les Marches, la Campagne d'Alençon, celle de Caën, le Bessin, le Bocage, le pays d'Houlme, le Cottentin, l'Avranchin. — 5. L'ILE-DE-FRANCE. Elle contenait le Vexin français, l'Ile-de-France proprement dite, divisée en deux parties, la Goelle ou Gouelle, et la France et le Parisis ; le Mantois, le Hurepois, la Brie française, le Gâtinais français. — 6. La CHAMPAGNE. Elle contenait le Réthelois, la principauté de Sédan, le Rhémois, la Brie champenoise, la Champagne propre, le Perthois, le Vallage, le Bassigny, le Sénonais. — 7. La LORRAINE, divisée en deux parties, le duché de Lorraine et le duché de Bar. Elle renfermait la Lorraine propre, la Lorraine allemande, le pays des Vosges, le pays Messin, le Toulois, le Verdunois, le Luxembourg français, la principauté de Bouillon. — 8. L'ALSACE. Elle contenait la haute et basse Alsace et le Sundtgaw. — 9, 10, 11, 12, 13, 14. La BRETAGNE, le MAINE, l'ANJOU, la TOURRAINE, le BERRY, le POITOU. Ces provinces étaient divisées en haute et basse. — 15. Le PERCHE. — 16. L'ORLÉANAIS. Il renfermait le Gâtinais orléanais, l'Orléanais propre, le Puysaye, le Blaisois et la Sologne. — 17. Le NIVERNOIS. — 18. La BOURGOGNE. Elle contenait l'Auxerrois, le pays de la Montagne, l'Auxois, le Dijonnais, l'Autunois, le Châlonais, le Charollais, le Mâconnais. — 19. La PRINCIPAUTÉ DE DOMBES. — 20. La BRESSE. — 21. Le BUGEY. Il contenait le pays de Gex et de Valromey. — 22. La FRANCHE-COMTÉ, divisée en bailliages d'A-

---

(1) Considérations sur la Révolution française, tome I, page 283.

(2) Voyez le Dictionnaire historique de Paris, par Antony-Béraud et Dufey, 2ᵉ édition ; — Le Dictionnaire de Robert de Hesseln, tomes 3, 4. — Le Tableau de la population de la France, et le Tableau de l'étendue carrée des généralités du royaume, avec une Carte divisée par gouvernemens ; 1788. — Voyez encore, pour les différentes questions que nous traitons dans les pages suivantes, un recueil précieux, le Résumé général et exact des cahiers, des pouvoirs, instructions, demandes, doléances de tous les bailliages, sénéchaussées, pays d'états du royaume, à leurs députés aux Etat-Généraux, avec une Table raisonnée des matières, qui indique le nombre des bailliages, etc. ; par une société de gens de lettres ; 3 vol. in-8°, 1789. — Voyez Prudhomme, tomes 1, 2, 3. — La Taxe personnelle et unique, et Suppression de tous les impôts ; broch. in-8°, 1789. — L'An 1789 ou la Vérité au pied du trône ; 1 vol. in-8°, etc., etc.

mont, de Besançon, de Dôle et d'Aval. —
23. Le Pays d'Aunis. — 24. La Saintonge.
Elle contenait la haute et basse Saintonge et
le Brouageais. — 25. L'Angoumois. — 26, 27,
28. La Marche, le Limosin, le Bourbonnais.
Ces provinces étaient divisées en haute et
basse. — 29. L'Auvergne. Elle contenait
le pays de Combrailles, la haute Auvergne et
la basse, divisée en Limagne et pays de Dauphiné. — 30. Le Lyonnais. Il renfermait le
Lyonnais propre, le franc Lyonnais, le Forêt
et le Beaujollais. — 31. Le Dauphiné,
haut et bas; le Haut contenait les Baronies,
le Gapençois, l'Embrunois, le Briançonnois,
le Grésivaudan, le Royanès; le Bas, le Tricastin, le Valentinois, le Diois, le Viennois.
— 32. La Guienne. Cette vaste province renfermait le Bordelais, le Bazadois, le Périgord,
l'Agenois, le Quercy, le Rouergue. — 33. La
Gascogne. Elle renfermait les Landes, le
pays Basque, la Chalosse, le Condomois, le
pays de Gabardan, le haut et bas Armagnac,
le Bigorre, le Comminges et le Couserans. —
34. La Basse-Navarre. — 35. Le Béarn. —
36. Le Comté de Foix, qui renfermait la Vallée d'Andorre, le Donnezan, le pays de Sault.
— 37. Le Roussillon. Il renfermait le Roussillon propre ou la Viguerie de Perpignan
avec le Valespir, la Viguerie de Conflent
avec le Capsir et la Cerdagne française. —
38. Le Languedoc, contenant le haut et bas
Languedoc et les Cévennes. Le haut et bas
Languedoc étaient subdivisés en vingt diocèses; les Cévennes renfermaient le Gévaudan, le Vélai et le Vivarais. — 39. La Provence. Elle était divisée en haute et basse.

Un grand nombre de petites subdivisions
étaient contenues dans les divisions principales que nous venons d'indiquer.

Administration militaire. — Gouverneurs généraux.
— Lieutenans-généraux, etc., etc.

La France était partagée en trente-huit
gouvernemens généraux et militaires, de chacun desquels dépendait un certain nombre
de gouvernemens de places. Nous ne comprenons pas ici le gouvernement de la principauté de Sédan et celui de la principauté
de Monaco, qui, depuis Louis XIII, étaient
sous la protection de la France.

Les gouverneurs-généraux pouvaient convoquer les divers ordres de leurs provinces
quand et autant de fois qu'ils le jugeaient
convenable. Dans les provinces qui étaient
pays d'états, le gouverneur-général assemblait
les états dans la ville qu'il lui plaisait de désigner, et c'est lui qui les présidait. Plaintes et
demandes des habitans à écouter, surveillance
des officiers de justice, de la discipline militaire, de toutes assemblées qui pourraient se
tenir au préjudice de l'autorité royale, répression des révoltes, etc., tels étaient les
principaux devoirs que leur traçaient leurs
provisions, et qu'ils ne remplissaient presque jamais. Car ces hautes fonctions de
gouverneurs et de lieutenans-généraux de
provinces n'étaient données qu'aux princes du sang, aux maréchaux de France, à la
haute noblesse; et, à l'instar des évêques, ces
grands seigneurs ne résidaient guère qu'à la
cour. Jusqu'à la Régence, leurs provisions
n'avaient été ordinairement accordées que
pour trois années; mesures sages : mais, depuis
cette époque, il était passé en usage, et sans
autre formalité, de les leur laisser à vie. Il en
était de même pour les gouverneurs particuliers; tant, sous cet inconcevable régime,
l'abus semblait être une partie inhérente à
la machine administrative. Les mains despotiques mais fermes de Richelieu et de Louis XIV
avaient monté ces rouages; en y touchant le
moins possible, on croyait assurer leur durée. — « C'est une machine à quoi il ne faut
pas toucher, disait la marquise du Deffand,
de peur qu'elle se brise. »

Chacun de ces gouverneurs-généraux avait
une compagnie de gardes plus ou moins
nombreuse, selon l'étendue ou l'importance
du gouvernement. Confians dans le long sommeil des peuples, la plupart d'entre eux la
licenciaient, mais n'en touchaient pas moins
la solde. — Beaucoup de provinces, par une
faveur royale qu'elles se gardaient bien de
demander, avaient deux gouverneurs, le père
et le fils; le fils avait le gouvernement, et le
père conservait le commandement et les revenus. L'on peut croire, sans trop craindre de
se tromper, que les sujets de ces provinces favorisées, avaient, à peu de chose près, de doubles appointemens à payer.

Quand madame de Sévigné appelle le duc
de Chaulnes, le Roi de Bretagne (il en était
le gouverneur-général), elle emploie, selon sa
coutume, une expression aussi vive que juste.

On comptait, outre les trente-huit gouverneurs-généraux, douze commandans de provinces, cinquante-deux lieutenans-généraux, soixante-dix-huit lieutenans du Roi, et quatre cents gouverneurs de places, non compris un nombre immense de gouvernemens municipaux, tels qu'ils avaient été créés à la fin du règne de Louis XV ; charges que l'on vendait, comme tant d'autres, au plus offrant (1).

Administration de la France. — Bailliages, Prévôtés, Sénéchaussées, Vigueries. — Pays de droit coutumier, Provinces de droit écrit. — Parlemens. — Le grand Conseil. — Chambres des Comptes. — Cours des Aides. — Cours des Monnaies. — Parlement de Paris. — La Robe. — Le Châtelet. — Séances royales. — Lits de Justice, etc.

On ne peut mieux comparer l'ancienne administration civile et financière de la France, qu'à ces vieux châteaux du moyen-âge, qui, augmentés à diverses reprises de constructions nouvelles, selon les nécessités des temps ou les caprices de leurs propriétaires, présentaient des modèles de tous les genres d'architecture.

Dans le tableau rapide que nous esquissons, sans doute il va nous échapper des omissions involontaires ; mais il doit nous suffire de donner une idée générale de l'ancienne organisation de la France.

Le royaume, sous le rapport de son administration judiciaire et financière, était divisé en plusieurs districts ou cours supérieures connues sous les noms de Parlemens, Chambres des Comptes, Cours des Aides, Cour des Monnaies, Conseils supérieurs, etc.

(1) Voyez le Dictionnaire de la France. — Robert de Hesseln, tome 3. — Rien de tel pour connaître la vérité sur cet ancien système de gouvernement (si d'ailleurs il y avait un système, quel qu'il fût, autre que celui du bon vouloir du Roi) ; rien de tel pour s'en faire une idée nette et précise , que de laisser parler ceux-là mêmes qui, par état, par devoir, par position, sont les premiers à le soutenir. — Ce bon Robert de Hesseln, professeur des pages et inspecteur de l'Ecole royale militaire sous les dernières années du règne de Louis XV et sous Louis XVI, ne se doute guère que le tableau naïf qu'il nous donne du gouvernement royal et de l'administration de la France, en est la plus forte critique, et souvent même la satire la plus sanglante.

On comptait quatorze Parlemens : ceux de Paris, Toulouse, Grenoble, Bordeaux, Dijon, Rouen, Aix, Pau, Rennes, Metz, Besançon, Douai, Nancy et Dombes (1).

Il y avait à peu près huit à neuf cents sièges et juridictions immédiates, Présidiaux, Sénéchaussées, Bailliages, Prévôtés, Vigueries, Gouvernances, selon les dénominations usitées dans chaque province, et une foule d'autres qui ressortissaient aux Parlemens et aux conseils supérieurs ; ajoutez-y plus de soixante mille justices seigneuriales. Si, à cette époque, la justice n'était pas bien rendue , ce n'était pas du moins faute de juges.

Dans l'administration civile, on suivait le Droit Romain ou le Droit écrit, dans les articles auxquels ne dérogeait pas une loi plus particulière. Dans les provinces méridionales on jugeait conformément au Droit Romain ; dans les autres provinces, les Coutumes ou les Lois particulières à chacune d'elles dictaient les arrêts. Une mesure sage , il faut en convenir, avait jadis commandé aux monarques français de respecter les coutumes et les usages des diverses provinces qu'ils avaient successivement ajoutées à leur empire, ou, pour mieux dire, qu'ils avaient rendues à la France. En acceptant ces Coutumes, ils leur avaient donné force de loi ; mais lorsqu'une longue existence politique sous un même sceptre eut consolidé chez tous ces peuples ce beau nom de Français, le Gouvernement eût dû, dans son intérêt, les soumettre peu à peu à un même régime.

Outre les Coutumes de ces provinces, source inépuisable de conflits de juridictions, cause sans cesse renaissante d'interminables procès, il y avait encore des Coutumes particulières à des villes, à des bourgs, à des villages, lesquelles dérogeaient souvent à la coutume générale du pays. D'ailleurs les ordonnances des Rois, les édits, les arrêts, les déclarations avaient aussi force de loi : — effroyable labyrinthe où le faible trouvait toujours sa perte, auquel échappaient seules la puissance et les richesses, et dont la chicane pouvait toujours, à son gré, tendre ou retirer le fil.

(1) Dictionnaire de la France, tome 3. — Almanach Royal, années 1775-86-87.

Pays de Droit coutumier ; Provinces de Droit écrit.

On distinguait par ces deux dénominations les provinces qui se réglaient par des Coutumes et des usages particuliers qui n'avaient pas été rédigés autrefois par écrit, qui continuaient d'exister, pour ainsi dire, par tradition ; et les provinces où l'on suivait, comme nous l'avons déjà dit, le Droit Romain ou des lois écrites, avant que ces provinces eussent été incorporées à la France.

On n'attend point ici de nous l'histoire des Parlemens ; pour celui de Paris, nous renvoyons à Voltaire, à M. Dulaure, à notre Dictionnaire historique de Paris. Nous nous contenterons de donner quelques notions moins connues sur les diverses créations de ces cours souveraines.

On sait que, sous la première et la seconde race, et même dans les premiers temps de la troisième, le Parlement était une assemblée composée des pairs de France, des barons, des grands feudataires que les Rois convoquaient chaque année.

Philippe-le-Bel fut le premier Roi qui rendit sédentaire à Paris ce tribunal suprême, cette cour du Roi dont les assemblées étaient déjà depuis assez long-temps appelées Parlemens, et qui jusqu'alors avait été ambulatoire à la suite des monarques.

Au moment de la Révolution, le Parlement de Paris formait encore la première cour de magistrature du royaume. Long-temps il fut le seul tribunal suprême de la nation.

Lorsque la Normandie fut replacée sous le sceptre des Rois de France, le tribunal de ce duché, connu sous le nom d'Echiquier, cour des barons de la province, continua ses séances, sans cesser de ressortir, comme auparavant, au Parlement de Paris. Le Roi y envoyait des gens du Parlement pour y présider en son nom, comme duc de Normandie (1). — En 1314, cette province obtint, par une ordonnance de Louis Hutin, renouvelée en 1315, qu'il n'y aurait plus d'appel de son Echiquier au Parlement de Paris. Ce ne fut qu'en 1499 que cet Echiquier fut érigé en Parlement.

Le comté de Toulouse ayant été réuni à la

couronne en 1272, on fit, pour le tribunal ou Parlement des barons de Languedoc, ce qui se faisait pour l'Echiquier de Normandie : on y envoyait des députés du Parlement de Paris. Ces députés étaient appelés les Seigneurs tenant le Parlement de Toulouse (1). — Il en fut de même de la cour de Champagne, après la réunion de ce comté. Ses assises, connues sous le titre de Grands-Jours, furent tenues par des députés du Parlement de Paris.

Philippe-le-Bel, en 1302, avait proposé aux peuples du comté de Languedoc d'établir à Toulouse un Parlement sans appel ; mais ce projet ne fut réalisé qu'en 1443, sous Charles VII.

A l'égard du Tribunal qui tenait les grands-jours à Troyes, il n'avait point été distrait du ressort du Parlement de Paris, et il en dépendit jusqu'à la Révolution, sous le titre de Bailliage.

Le Parlement de Grenoble n'avait point été formé par distraction de ressort. Le Dauphiné était une principauté indépendante, que Philippe-de-Valois acquit de Humbert II, par un traité consommé en 1349. Charles VII ayant cédé le Dauphiné à son fils (depuis Louis XI), celui-ci, n'étant encore que Dauphin, créa, en 1451, le Parlement de Grenoble à l'instar de celui de Paris, et cette création fut ratifiée deux ans après par son père.

Le Parlement de Bordeaux fut également créé par Louis XI, en 1462, par démembrement de celui de Toulouse, dont on avait étendu le ressort tant sur la Guienne qui, auparavant, relevait pour l'appel des jugemens de sa cour, au Parlement de Paris (2), que sur le Languedoc, c'est-à-dire sur tout le territoire qu'on appelait autrefois pays de la Langue d'Oc. Cette grâce avait été promise aux Bordelais lors de la capitulation qu'ils firent, sous Charles VII, avec le comte de Dunois, en quittant les Anglais pour se soumettre à la France.

Ce fut encore Louis XI qui, le 18 mars 1476, établit à Dijon le Parlement de Bour-

(1) Règlement de 1306.

(1) Voyez art. 62 de l'ordonnance de 1302. — Ordonnances du Louvre, tome I, p. 320. — Abr. chr. d'Hainault. — Règlement de 1306. — Trésor des Chartes, cote C.

(2) Voyez Lettres-patentes de 1283, données au Roi d'Angleterre pour la Guienne.

gogne, lors de la réunion de cette province à la couronne, après la mort sanglante de Charles-le-Téméraire. Car ce grand roi est celui de tous les anciens monarques français à qui le royaume dut le plus d'établissemens utiles.

Le Parlement d'Aix, créé par Louis XII, en 1501, n'avait point été distrait de celui de Paris. La Provence était un état indépendant, qui ne fut réuni à la couronne qu'en 1486, sous Charles VIII, et après la mort de Charles d'Anjou.

Le Parlement de Bretagne, créé en 1553, par Henri III, avait été distrait du Parlement de Paris, auquel se portait auparavant l'appel des jugemens de la cour de Bretagne (1).

Le Parlement de Pau n'avait point été distrait de celui de Paris. Le Béarn était indépendant. Possédé en toute souveraineté par Henri IV, avec les débris du royaume de Navarre, sa réunion définitive à la couronne ne s'était opérée qu'en 1620.

Il en avait été de même pour le Parlement de Metz. Les habitans de cette ville et de son territoire, qui avait appartenu à l'Empire, avaient continué, depuis sa prise, en 1552, par Henri II, de ressortir à la chambre impériale de Spire. L'Empire perdit ce ressort par l'édit de création du Parlement de Metz, en 1633.—De même aussi pour le Parlement de Douai. Lorsque la Flandre française, conquise sur la maison d'Autriche, se fut successivement accrue sous Henri IV, Louis XIII et Louis XIV, ce dernier prince créa un Conseil supérieur à Tournay, en 1658, qu'il érigea ensuite en Parlement en 1666, et qui, après la perte de cette ville, fut transféré à Douai, en 1713. — De même enfin pour les Parlemens de Besançon, de Dombes et de Nancy. — La Franche-Comté, jusqu'au moment de sa conquête par Louis XIV, avait été possédée par la maison d'Autriche ; ce prince trouva un Parlement établi à Dôle ; il ne fit que le transférer à Besançon. — Quant à la petite principauté de Dombes, elle avait été indépendante sous la possession de la branche de Bourbon, jusqu'au moment où François Ier la confisqua sur le connétable. Cette indépendance avait été rétablie par Louis XIV, en 1682, en faveur du duc du

Maine. Lorsque Louis XV acquit cette principauté, il y trouva un Conseil souverain qu'il érigea en Parlement.

La Lorraine, duché souverain, indépendant de la France jusqu'en 1735, avait été, à cette époque, cédée à Louis XV par le traité de Vienne ; le roi Stanislas en avait eu l'usufruit. Après sa mort, ce duché fut réuni à la couronne. On avait laissé subsister le tribunal suprême de la Lorraine sous le nom de Cour souveraine de Nancy, jusqu'en septembre 1775, où il avait été érigé en Parlement.

On reconnaissait encore en France deux autres Cours souveraines qui possédaient tous les droits des Parlemens sans en avoir le titre : celles de Perpignan et de Colmar. En 1462, Jean d'Aragon engagea le Roussillon à Louis XI pour un prêt de 300,000 écus d'or qui ne furent jamais rendus. Long-temps en litige entre la France et l'Espagne, le Roussillon ne nous fut définitivement cédé qu'à la paix des Pyrénées en 1659. Louis XIV y trouva un Conseil souverain qu'il laissa subsister. Ce prince agit de même à l'égard du Conseil souverain d'Alsace, après la réunion de cette province à la France.

Nous devons joindre à toute cette magistrature suprême : 1° Le Grand-Conseil, originairement composé de membres du Parlement qui y servaient tour à tour. Il avait été érigé, sous Charles VIII, en tribunal séparé, avec des attributions particulières, et notamment celles des matières bénéficiales. 2° Les Chambres des comptes, dont les membres, choisis aussi dans l'origine parmi ceux du Parlement de France, avaient composé, sous Philippe-le-Bel, un tribunal à part, chargé spécialement de la révision des comptes royaux, et de toutes les contestations relatives. 3° Les Cours des aides, magistrature pareillement distraite du Parlement, et à laquelle on avait particulièrement attribué la connaissance et le jugement de toutes les contestations relatives à l'impôt. Cette magistrature avait eu autrefois, comme on peut le vérifier dans les anciennes ordonnances, l'inspection sur les députés des aides, chargés, par les Etats-Généraux, de percevoir et d'administrer les octrois accordés par la nation. 4° Enfin, les Cours des monnaies, tribunaux souverains distraits aussi du parlement, avec l'attribution particulière des matières des monnaies.

<hr>

(1) Joly. des Offices, tome I, page 558.

Toutes ces cours particulières auraient dû faire corps avec les Parlemens dans le ressort desquels elles se trouvaient, puisqu'elles étaient souveraines comme eux ; elles auraient dû assister aux assemblées des chambres et aux lits de justice convoqués pour la vérification des édits. Mais augmenter ainsi le nombre de ces assemblées, c'eût été donner presqu'une image des Etats-Généraux ; image bien faible et bien fausse, il est vrai, mais trop effrayante encore pour ce Gouvernement sans ame, sans conscience, rongé de plaies honteuses qu'il ne pouvait plus cacher qu'à peine sous les longs replis de son manteau royal ; pour ce Gouvernement qui, selon l'énergique expression de la Bible, n'était plus, depuis long-temps, qu'un sépulcre blanchi.

Ces cours, avec les Parlemens et les Conseils souverains, formaient collectivement la magistrature suprême, qui prétendait représenter l'antique assemblée des anciens princes, chefs, magistrats élus par le peuple ; plus tard, celle des leudes et des vassaux de la couronne ; et qui était destinée, en effet, à la garde et à l'exécution des lois (1).

Jusqu'à Louis XIII, on ne peut le nier, les Parlemens se montrèrent quelquefois de dignes défenseurs des intérêts de la patrie ; mais l'esprit qui animait ces grands corps n'avait pas suivi l'impulsion du siècle. Lorsque tout marchait autour d'eux, lorsque tout s'y déplaçait, eux seuls gardaient des opinions inamovibles comme leurs charges. Ils s'étaient laissé déborder par les vœux nationaux, ils ne suffisaient plus aux besoins de l'époque ; et lorsque Louis XVI dut céder au cri de la France et convoquer les Etats, les Parlemens parurent une anomalie presque choquante, au milieu des indispensables changemens que demandait la patrie. Il en sera toujours ainsi de toutes les institutions humaines, lorsqu'elles ne seront fondées que sur des abstractions politiques, lorsqu'elles ne satisferont qu'aux exigences d'un temps, d'une caste, d'une organisation spéciale, lorsqu'elles ne s'appuieront enfin que sur une fraction du corps social, et qu'elles n'auront pas, pour première et unique base, ces grands intérêts

qu'il faut toujours finir par écouter seuls, qui sont de tous les temps et de tous les lieux : CEUX DU PEUPLE. C'est ainsi que, dans un autre genre, les maîtrises et jurandes, utiles sous saint Louis, étaient devenues vexatoires au dix-huitième siècle.

Toutes les charges de robe étaient vénales, excepté celle du chancelier, et celles des premiers présidens des Parlemens. — Les princes du sang, les ducs et pairs, tant laïques qu'ecclésiastiques, avaient entrée, séance et voix délibérative au Parlement de Paris. Les princes du sang y étaient reçus à quinze ans, les pairs à vingt-cinq.

La robe se divisait en trois classes : 1° les conseillers d'Etat, les présidens des cours supérieures, les maîtres des requêtes, etc. ; 2° les conseillers des cours supérieures ; 3° les juges des tribunaux inférieurs, et les officiers de judicature, tels que les procureurs, les greffiers, etc. — Dans les dernières années avant la révolution, les avocats semblaient faire un corps séparé de ces trois classes.

Le Châtelet de Paris était la justice ordinaire de cette capitale.

Lorsqu'il fallait faire enregistrer sur-le-champ quelque édit délibéré dans le conseil du Roi, et dont l'urgence indispensable pouvait ne pas paraître telle aux yeux du Parlement, — et c'était pour l'ordinaire dans les besoins pressans d'argent, besoins qui se renouvelaient sans cesse, — si l'on jugeait que la présence du Roi dût paralyser toute résistance, le monarque allait lui-même présider cette cour souveraine. C'est ainsi qu'au 19 novembre 1787, Louis XVI, accompagné de MONSIEUR et du COMTE D'ARTOIS, porta au Parlement deux édits, l'un relatif à un emprunt successif de quatre cent vingt millions pendant cinq ans ; l'autre qui devait aider à faire passer le premier, concernant la restitution des droits civils aux non-catholiques qui en avaient été dépouillés par la révocation de l'édit de Nantes (1).

Les lits de justice se tenaient, soit à Paris, soit à Versailles, dans les occasions les plus importantes, pour les affaires majeures de l'Etat, ou à la suite de quelques sérieux combats parlementaires. — Cette assemblée était composée des princes du sang, des grands officiers de la couronne, des ducs et pairs,

(1) Voyez Lettres-Patentes de Henri IV, du 4 juillet 1591. — Voyez le Discours du garde-des-sceaux d'Armenonville, lit de justice de 1723.

(1) Voyez la gravure séance au Parlement.

des chevaliers de l'ordre, des secrétaires et conseillers d'Etat, des gouverneurs généraux et des lieutenans-généraux des provinces, des membres du Parlement, des maîtres des requêtes, etc. — Alors la royauté déployait tout le prestige de ses pompes et de ses grandeurs.

Finances. — Turgot. — Clugny. — Necker. — Tailles, taillon, capitation, dixième, vingtième, etc. — Pays d'élection. — Pays d'états. — Don gratuit. — Le clergé. — Les abbayes. — Les ordres religieux. — Gabelles. — Droits et péages, etc. — Cour, Maison du Roi. — Avidité des courtisans. — Pensions. — Réformes.

« En France, dit M. Necker, dans son compte rendu adressé à Louis XVI en janvier 1781, on a fait constamment un mystère de l'état des finances ; ou si quelquefois on en a parlé, c'est dans des préambules d'édits, et toujours au moment où l'on voulait emprunter. »

En effet, ces préambules avaient perdu toute leur autorité ; et les hommes d'expérience n'y croyaient plus que sous la caution du caractère moral du contrôleur-général. On profitait du voile jeté à dessein sur la situation financière du royaume, pour obtenir, au milieu du désordre, un médiocre crédit que des édits burseaux cherchaient sans cesse à raviver, et qui s'éteignait sans cesse. Necker lui-même, homme habile, mais trop systématique et trop persuadé de son infaillibilité, ne put apporter à tant de maux que de légers palliatifs. — Turgot, dont le peuple avait d'abord béni le choix, n'avait trouvé que des obstacles au bien qu'il voulait faire. Il avait vu s'armer contre lui ce clergé, ces abbayes, ces moines qu'il voulait soumettre aux impôts fonciers ; ces financiers dont il réprimait les vols impudens ; cette noblesse dont il combattait les priviléges, et ce Parlement même qui cherchait à punir en lui le membre du Parlement Maupeou. Toutes ses mesures avaient été entravées. Il se retira, après deux ans d'une lutte pénible contre tant d'adversaires qui se montraient non moins les ennemis de la patrie que ceux du contrôleur-général. Ce fut lui qui, en sortant du ministère, écrivit à Louis XVI ces paroles mémorables : « Je conjure Votre Majesté de se te- « nir en garde contre la faiblesse : elle est la « cause principale de la misère des peuples et « des malheurs des rois. C'est la faiblesse qui « a conduit Charles Ier à l'échafaud. » Louis XVI avait dit un mot qui est la plus complète condamnation de ce temps, que nous appelons l'ancien régime : « Il n'y a que moi et « M. Turgot qui aimions le peuple. »

Clugny succéda à Turgot. En sortant du ministère, il laissa un déficit de vingt-quatre millions (1). Necker eut le mérite de former ce qui n'existait pas, c'est-à-dire des tableaux complets et appuyés des élémens nécessaires, pour connaître facilement tous les détails de la situation des finances (2).

L'ancien état ordinaire des finances était composé d'une immense somme de dépenses qui n'étaient point fixes, mais qu'une facilité journalière, des faveurs, des fêtes dispendieuses, des largesses accordées à d'indignes courtisans, refusées aux vrais services, répétaient et augmentaient chaque année. Les perceptions du fisc étaient divisées en fractions innombrables, et livrées à une foule de receveurs ou de compagnies, qu'un insatiable besoin de fonds avait successivement introduits, au grand détriment des revenus publics. Necker eut encore la gloire d'apporter, et dans les recettes et dans les dépenses, des réformes importantes (3). Il décima cette armée de financiers, fermiers-généraux, trésoriers, receveurs-généraux, receveurs-généraux des domaines et des bois, payeurs des rentes, receveurs des tailles, du taillon, de la capitation, des dixièmes, vingtièmes, deux sous pour livres, des grandes et petites gabelles, etc. (la liste en est effrayante), qui récoltaient les impôts, vexaient et pressuraient les peuples, et remplissaient leurs caisses aux dépens du trésor public (4). Necker resserra leurs attributions, limita leurs priviléges et simplifia beaucoup la perception entière de tous les droits. Mais, malgré tous ses efforts, il ne put ranimer que bien faiblement le crédit public. Nous verrons plus loin

(1) Compte-rendu, 1re partie, p. 6.
(2) Voyez Encyclopédie, in-fol. vol. 4, p. 811. — Encyclopédie méthodique, in-4°, art. Finances, vol. 2, p. 136.
(3) Cette introduction ne présentant le tableau de la France que jusqu'en l'année 1787-8 exclusivement, il ne s'agit ici que du premier ministère de Necker.
(4) Encyclopédie méthodique, vol. 2, année 1785. — Compte-rendu, 2e partie.

qu'après sa première retraite, les finances, un moment mieux réglées, retombèrent bientôt dans leur désordre accoutumé. Trop de gens étaient intéressés à ce funeste état de choses, pour que la volonté d'un seul homme, quels que fussent son énergie et son amour de la patrie, pût réparer le mal : — Il fallait une Révolution.

Pays d'États. On appelait ainsi les provinces successivement réunies à la couronne, qui avaient conservé le droit de s'assembler pour régler leurs affaires financières et les contributions qu'elles s'imposaient elles-mêmes pour les besoins et les charges de l'État.

Pays d'Élection. C'étaient les provinces divisées en districts de recettes particulières, que l'on nommait Élections, parce que chacun de ces districts avait une juridiction du même nom qui connaissait en première instance, tant en matière civile que criminelle, de tous les faits concernant les aides et les tailles.

Le clergé, qui, avec les abbayes, les couvens, les ordres religieux, enlevait une si forte partie des revenus du royaume, s'était arrogé le droit de ne payer son impôt à l'État que sous la forme d'un don, appelé Don Gratuit. Ce don se montait ordinairement à douze ou quinze millions tous les cinq ans, payables en quatre ou cinq termes. Et veut-on savoir quels étaient les revenus de l'Église? Pour en avoir une idée, nous avons eu la patience de relever ceux des archevêques et des évêques de l'Almanach royal de 1786. Ces hauts dignitaires absorbent, à eux seuls, plus de dix millions de simples traitemens. Qu'on ajoute plus de huit cents abbés commendataires, autant d'abbayes de filles, jouissant tous de douze mille livres de rente, l'un dans l'autre ; qu'on y ajoute les moines gris, blancs, noirs, chaussés, déchaux, mendians, hospitaliers, — auxquels il n'en fallait pas moins donner l'aumône ; — les curés, les généraux d'ordre, les employés du clergé, les séminaires, les chanoines de toute espèce, les commanderies de tout genre, et l'on avouera que la France payait cher le titre de Très-Chrétien accordé à son roi.

Les bons citoyens élevaient, depuis longtemps, un cri général d'horreur et d'indignation contre les Gabelles, contre cet impôt du sel dont le monopole despotique pesait tout entier sur le pauvre. Indépendamment des divisions bizarres connues sous le nom de Pays de Grandes Gabelles, de Pays de Petites Gabelles, de Pays de Saline, de Pays Rédimés et de Pays Exempts, on voyait encore, au milieu de chacune, des distinctions de prix fondées sur des usages, des franchises et des priviléges. Une pareille bigarrure, comme le dit Necker, avait dû nécessairement faire naître le désir de se procurer un grand bénéfice en portant du sel d'un lieu franc dans un pays de gabelle ; tandis que, pour arrêter ces spéculations , il avait fallu armer des brigades. Ainsi s'était élevée de toutes parts, dans le royaume, une sorte de guerre intestine. En outre, la législation absurde des Droits et Péages ajoutait au désordre par ses divisions de Provinces des Cinq grosses Fermes, Provinces réputées Étrangères, Provinces Étrangères, etc., divisions qui forçaient d'établir, dans l'intérieur du royaume, une foule de bureaux de visite, afin d'exiger les droits établis sur les marchandises qui sortaient de quelques unes de ces provinces pour entrer dans d'autres. Il faut bien convenir que toute cette constitution était barbare.

Louis XVI avait donné plusieurs généreux exemples qui ne furent point suivis. Par un édit daté du mois d'août 1779, il avait supprimé dans ses domaines la Main-Morte et le Droit de Suite, c'est-à-dire le droit en vertu duquel des seigneurs de fiefs situés dans diverses provinces réclamaient l'héritage d'un homme né dans l'étendue de leur seigneurie, quoiqu'il s'en fût absenté depuis long-temps, et qu'il eût établi son domicile dans un lieu franc. A bien peu d'exceptions près, les seigneurs persistèrent à jouir de ce droit féodal ; ainsi, au moment de la Révolution, en dépit des lumières du siècle, la noble France comptait encore des Serfs, des Esclaves. On connaît le fameux procès que soutinrent, contre leurs main-mortables du Jura, les moines de Saint-Claude.

Convaincu de l'absolue nécessité de réformer une partie du luxe écrasant de sa cour, de la Maison du Roi, Louis XVI s'était empressé d'adopter une partie des sages vues de Necker à cet égard : l'on parla même de supprimer des pensions... — Aussitôt des clameurs furieuses s'élevèrent autour de lui : soutenus par une jeune reine qui avait pris le goût de toutes les dépenses et de tous les plaisirs, les courtisans, ces harpies dévorantes, s'ameutèrent contre le ministre ; et le faible monarque, content d'avoir rêvé le bien, dut se consoler de n'avoir pu le faire.

Que dirait-on, contre l'avidité de cette noblesse, qui pût valoir la peinture flétrissante que Necker en a faite à Louis XVI lui-même ? peinture d'autant plus vraie qu'elle ne vise point à l'effet, et que c'est un simple Compte-Rendu comme le reste de l'ouvrage. — On peut en croire Necker : tous les modèles avaient posé devant lui.

« Acquisitions de charges, projets de mariage, pertes imprévues de toute espèce, espérances avortées, tous ces événemens étaient devenus une occasion de recourir à la munificence du souverain ; on eût dit que le Trésor royal devait tout concilier, tout aplanir, tout réparer ; et comme la voie des pensions, quoique poussée à l'extrême, ne pouvait ni satisfaire les prétentions, ni servir assez bien la cupidité honteuse, l'on avait imaginé d'autres tournures, et l'on en eût inventé chaque jour : les intérêts dans les fermes, dans les régies, dans les étapes, dans beaucoup de places de finance, dans les pourvoiries, dans les marchés de toute espèce, et jusque dans les fournitures d'hôpitaux, tout était bon, tout était devenu digne de l'attention des personnes souvent les plus éloignées, par leur état, de semblables affaires. Indépendamment de ces différens objets, on sollicitait encore les engagemens de domaines de V. M., les échanges onéreux à ses intérêts, la concession de forêts qu'on prétendait abandonnées ; venaient aussi les paiemens de faveur sur des pensions arréragées, l'acquittement de vieilles créances achetées à vil prix... L'obscurité prévenait la réclamation publique, et l'on était même délivré du joug de la reconnaissance (1). »

Tels étaient donc, en général, les premiers amis du monarque et du trône. — Nous ne nous étonnons pas que la noblesse ait regretté l'ancien régime ; nous aurions été très étonnés qu'elle se fût réjouie de sa chute.

Il paraît que les attaques de Necker ne produisirent qu'un effet momentané ; car, au moment de la convocation des Etats-Généraux, nous trouvons que le nombre des officiers qui composent le clergé de la cour, les sept officiers de la bouche du Roi, ceux qui servent à la chambre, les officiers des cabinets, ceux des bâtimens, ceux qui dépendent du grand-maréchal-des-logis, les écuyers, les veneurs, une foule de valets subalternes dont les noms barbares effraient la bouche et la pensée : Pannetiers-bouche, Echansonniers-bouche, Pâtissiers-bouche, Tables-bouche, Coureurs de vin, Conducteurs de la haquenée du gobelet, Maîtres-queues, Hâteurs, Galopins ordinaires et extraordinaires, Gardes-vaisselle, Sommiers des broches, Avertisseurs, Sers-d'eau, Lavandiers du corps, Falatiers, Lavandiers, Tourne-broches, Porte-tables, Porte-chaises, Porte-caban, Porte-manteaux, Porte-arquebuses, Porte-fauteuils, Porte-meubles, Empeseurs-Gravatiers, Ambleurs, Cochers, Palefreniers, etc., etc.; que ce nombre, disons-nous, s'élève à plus de 5000 ; et cela sans compter la Maison militaire, la Maison de la Reine, et celle des princes et princesses.

Quant aux pensions, il faut que les améliorations que Necker avait apportées dans cette partie eussent été bien peu sensibles, car on retrouve encore de bien étranges services récompensés, dans la LISTE qui fut publiée en 1790 ; — entr'autres :

« A Thomas Dwalz (1), barbier du roi, cinq pensions, montant à 7,787 liv. ; — mais au sieur de Fabrègues, capitaine de vaisseau, 2,700 l. — A Duverner, garçon de la chambre, 4,586 l. ; — mais au sieur Faudran de Taillade, capitaine de vaisseau, 2,400 l. — A Falco, musicien, 4,800 l. ; — mais à M. de Clieu, capitaine, 2,200 l. — Aux enfans de Catherine Godard, femme de chambre, 3,711 l. ; — mais aux orphelins d'un maréchal-de-camp, 2,000 l. — A un valet de chambre 4,900 l. ; — mais à un brigadier 2,500 l. — A Françoise Rousseau, remueuse des enfans de France, pour elle, son fils et sa fille, 14,832 l. — A la demoiselle Lemoine-Thierry, en considération des services de sa tante, en survivance de son mari, à sa nièce, etc., 30,000 l. ! — mais aux quatre messieurs de

<hr>

(1) Compte-rendu au Roi par M. Necker, directeur-général des finances. 1781 ; 2ᵉ partie : Dons, Grâces et Pensions.

(1) Voyez Révolutions de Paris, publiées par Louis Prudhomme, 2ᵉ année, 3ᵉ trimestre, nᵒ 34, t. III.

l'essemanes, officiers de marine, 11,600 l., etc., etc. »

C'est en parcourant de telles listes, c'est en méditant sur de telles preuves, que l'on comprend, dans toute leur étendue, les bienfaits de la Révolution. — Il fallait Hercule, il fallait des fleuves détournés de leur cours, pour nettoyer les étables d'Augias.

Gouvernement monarchique. — Le Roi. — Parlement Maupeou. — Le despotisme.

« C'est au Roi seul qu'appartient le pou« voir législatif, sans dépendance et sans par« tage ; c'est par sa seule autorité que les offi« ciers de ses Parlemens procèdent, non à la « formation, mais à l'enregistrement, à la pu« blication et à l'exécution de la loi. L'ordre « public tout entier y émane du souverain ; il « en est le gardien suprême ; son peuple ne « fait qu'un avec lui. En France, les droits « et les intérêts de la nation sont unis avec « ceux du monarque, et ne reposent qu'en « ses mains. »

Là était contenue l'unique règle de conduite des derniers monarques français ; là, aussi, était renfermé tout entier le secret de leur ruine. C'est le commentaire du fameux mot de Louis XIV : «L'État, c'est moi! » — Jamais le despotisme n'a formulé un code plus court, plus clair et plus insolent. Louis XI, qui, les trois dernières années de sa vie exceptées, ne fut un tyran cruel que pour les tyrans du peuple ; Louis XI, *qui mit les rois hors de page*, essaya ce code ; mais ce fut au bénéfice des sujets, contre les plus odieux et les plus perfides des hommes, les d'Armagnac, les Nemours, les d'Alençon, les Saint-Pol, les Melun, mauvais français, traîtres vassaux, qui reçurent le juste salaire de leurs crimes. Richelieu reprit l'œuvre de Louis XI d'une main plus terrible encore, Richelieu que comprenait si bien cet autre chef d'esclaves, Pierre-le-Grand. — Mazarin transmit à Louis XIV les leçons de Richelieu ; elles aidèrent aux sales voluptés de Louis XV. Louis XVI, qui les accepta, consacrées en quelque sorte à ses yeux par un silence d'un siècle, qu'avaient interrompu de rares et faibles murmures, Louis XVI, qui trop tard devait en comprendre l'horreur et le danger, les paya de sa tête.

Depuis Henri IV, nul monarque français n'avait lu ces belles paroles de Comines : « Nostre Roy est le Seigneur du monde qui « le moins a cause d'user de ce mot de dire . « J'ay privilège de lever sur mes subjets ce « qui me plaist : car ni lui ni autre ne l'a ; et « ne lui font nul honneur ceux qui ainsi le « dient, pour le faire estimer plus grand, mais « le font haïr et craindre aux voisins, qui, pour « rien, ne voudroient estre sous sa seigneu« rie. Disoient aucuns de petite condition et « de petite vertu que c'est un crime de lèse« majesté que de parler d'assemblée des Es« tats, et que c'est pour diminuer l'authorité « du Roy ; et ce sont eux qui commettent ce « crime envers Dieu et le Roy et la chose pu« blique... Est-ce sur de tels subjects (que « sont les François) que le Roy doit alléguer « privilèges de prendre à son plaisir? Nul « prince ne le peut, que par octroy (de ses « subjects), si ce n'est par tyrannie, et qu'il « soit excommunié (1). »

L'excès de la servitude produit la liberté. — Quelques années avant la Révolution, cette vérité était devenue un incontestable axiôme aux yeux du moins clairvoyant des Français (2). A cette époque, qu'était le gouvernement de la vieille France monarchique ? Misérable édifice croulant de vétusté, ruiné dans toutes ses parties organiques. On avait tour à tour détruit pièce à pièce tous les ressorts constitutifs de la monarchie ; et, par ses formes comme par le fond, ce gouvernement n'inspirait plus ni respect ni confiance.

La dernière Assemblée des Etats-Généraux s'était tenue à Paris, en 1614-15, pour examiner les comptes de régence de Marie de Médicis. Depuis cette époque, les Parlemens, et spécialement le premier de tous, celui de Paris, avaient pu seuls lutter, avec plus ou moins de vigueur, contre les entreprises de l'autorité royale. On sait comment Louis XIV, au moment de sa majorité, leur imposa silence. A dater de ce jour jusqu'à la mort du GRAND

(1) Mémoires de Philippe de Comines, liv. 5, chapitre 28.

(2) « Une révolution était inévitable vers la fin du dix-huitième siècle ; les résistances ont accru leur volume. » (MERCIER, membre du conseil des Cinq-Cents.)

Roi, ils courbèrent un front soumis devant sa volonté suprême.

Ces corps imposans placés entre l'autorité royale et la nation, ces Etats-Généraux au petit-pied, ces rigides défenseurs de la liberté et des droits de chacun, devenus courtisans, avaient été enfin appréciés par tous les bons esprits à leur juste valeur. Un moment, vers la fin du règne honteux de Louis XV, ils s'étaient relevés dans l'opinion publique, lorsque les Parlemens de Paris et de Rouen avaient été dispersés et détruits. On crut voir alors se briser le seul obstacle qui restât entre le despotisme et la nation. Cet absolu pouvoir ne comprit pas qu'il se portait à lui-même un coup fatal, en violant l'inamovibilité d'un corps non moins ennemi que lui des Etats-Généraux, et qui, flatté de concourir, seul avec le souverain, à la législation, pouvait toujours l'aider à repousser la convocation de ces assemblées nationales si redoutées des Rois (1). Dès ce moment, les vieux liens d'une confiance réciproque furent rompus ; dès ce moment, le Parlement jura haine, non pas au Monarque sans doute, mais aux organes de ses volontés ; — et lorsqu'en 87 il réclama les Etats-Généraux, ce fut, surtout, une vengeance. D'ailleurs, il crut alors placer une Cour sans mœurs en face d'un peuple sans énergie, et diriger l'une et l'autre.

Et cependant, à l'agitation que produisit ce coup d'Etat, des esprits moins préoccupés de leur omnipotence, auraient pu reconnaître les symptômes d'un affranchissement prochain. On sait de quels mépris amers furent accablés Maupeou et son Parlement : les Mémoires de Beaumarchais et le conseiller Goezman lui ont donné, chacun à leur manière, une honteuse immortalité. — A une autre époque, lorsque le Parlement avait refusé d'enregistrer un édit de Louis XV, on avait applaudi avec chaleur à ces vers du D. Sanche d'Arragon du grand Corneille :

Lorsque le déshonneur souille l'obéissance,
Les rois doivent douter de leur toute-puissance ;
Qui la hasarde alors n'en sait pas bien user,
Et qui veut tout pouvoir ne doit pas tout oser.

La Cour, effrayée, avait ordonné la suppres-

(1) Antique maxime de nos lois fondamentales : « Quand les Etats de la Nation sont assemblés, tous « les autres pouvoirs sommeillent. »

sion de ces vers, et il n'en avait été rien de plus. — Mais, à la création du nouveau Parlement, on alla bien plus loin.

Les philosophes et les amis de la liberté dédaignaient en secret ces cours souveraines, leur esprit étroit, les préjugés, les erreurs absurdes et barbares de la plupart d'entre elles, et leurs formes gothiques. On n'avait oublié ni le meurtre de Calas, ni celui de La Barre. Voltaire avait dit : « Heureux qui n'a ni Parlemens ni prêtres : j'en souhaite autant à tout le genre humain. » Mais alors, ces Parlemens semblèrent mériter d'être défendus. Leur cause parut être celle des vieux droits nationaux. De cette audace du despotisme jaillit un effet imprévu. La nation endormie s'éveilla. De généreux citoyens réclamèrent les lois fondamentales : — On devait songer, disaient-ils, au frein qu'il fallait imposer à tout gouvernement royal ; la liberté devait demeurer à jamais la loi primitive, le principe vital de l'association des Francs, comme elle l'était nécessairement de toute société politique. Pour la défendre et la conserver, il était juste que la République entière fît les lois —Quel était ce magnifique hôtel? Celui qui l'avait fait bâtir était ce maltôtier qui, gorgé de la substance des armées, avait laissé périr de faim nos soldats. Cette vieille favorite avait acheté ce voluptueux palais, en vendant les faveurs de la cour à la lâcheté, à la trahison, à l'impéritie. Ces colonnes avaient été élevées par un favori, qui, comblé de richesses et de tous ces honneurs si étrangers à l'honneur, aurait dû périr enseveli sous le mépris et la haine publics. Ce magistrat s'était laissé corrompre, et quinze louis, glissés sur le giron de sa femme, avaient acheté sa voix. Cet intendant traitait la province confiée à ses soins en pays conquis. Ce maréchal, prototype d'une cour corrompue, avait fait bâtir ce pavillon de l'or anglais reçu aux plaines du Hanôvre. Temples du luxe, équipages, habits étincelans de pierreries, repas somptueux, usuriers gentilshommes, gentilshommes agioteurs, duchesses courtisanes, courtisanes annoblies, toutes ces causes exécrées de la ruine et de la misère des peuples devaient enfin satisfaire à la justice royale et à l'indignation publique.

C'est ainsi qu'on s'accoutumait à discuter

4

des matières sur lesquelles on n'eût pas cru, jadis, pouvoir sans crime élever la voix. On s'était enhardi au point de rechercher les vraies sources du pouvoir royal. — Il fallait bien qu'une résistance si générale produisît, plus tard, tout son effet.

Cependant, rappelé par Louis XVI, le Parlement de Paris, en mai 1788, vit encore violer son sanctuaire. Ce second coup d'autorité accusa de nouveau la faiblesse et l'impuissance de ces tribunaux contre les injustices du pouvoir (1). Depuis long-temps, d'ailleurs, on ne voyait que trop que la dignité et les intérêts nationaux n'inspiraient plus réellement la résistance des Parlemens aux entreprises du despotisme, et que s'ils protestaient avec chaleur quand il s'agissait de leurs avantages et de leurs prérogatives, ils ouvraient un accès facile aux édits qui ne frappaient que le peuple. Sans doute, au moment de leur chute, ces cours suprêmes comptaient encore des vertus et des talens : mais que leurs membres, pour la plupart, étaient loin de ressembler à ces vieux parlementaires du temps de Charles VIII, dont Mézerai nous a tracé un si beau portrait !

Le despotisme, chez les anciens Rois de France, n'était point, en général, cruel, mais dilapidateur et avide. Depuis la chute des grands vassaux, pour retenir auprès d'eux cette haute noblesse qui les avait fait trembler tant de fois sur le trône, ils avaient dû la combler de faveurs et de richesses ; et le peuple avait toujours payé cette sécurité de la couronne. Depuis Louis XIII, tant de rangs intermédiaires s'étaient placés entre eux et le peuple, qu'ils ne pouvaient plus arriver ou s'élever jusqu'à lui. Voyez quelle singulière idée Henri IV lui-même avait de la roture ! — Ce prince avait donné un soufflet à l'un de ses valets de chambre ; celui-ci lui représenta qu'ayant l'honneur d'être gentilhomme, il devait être à couvert d'un pareil traitement. Henri jura de ne plus admettre de gentilshommes parmi ses valets de chambre ; se réservant ainsi, sans doute, le droit de souffletter à son aise ses valets roturiers.

(1) Considérations sur la Révolution, par M. L. C., an V.

Qui ne sait qu'autrefois la nation était divisée en trois ordres, le clergé, la noblesse et le tiers-état ; ou plutôt qu'un intolérable système, né de la conquête et du fanatisme, avait jeté deux ordres en dehors de la nation ? — A l'exception des infortunés habitans de la campagne, que des travaux sans fruit et la servitude écrasaient presqu'en tous lieux, le tiers-état des villes avait, en réalité, reconquis une partie de l'importance et de la considération qu'il n'eût jamais dû perdre : on devait en rendre grâce au commerce et à l'industrie. Avec l'industrie étaient nées les lumières auxquelles on dut les progrès de la civilisation. La guerre, le jeu, le luxe, l'ostentation, la vanité avaient dépouillé une partie des nobles des biens de leurs aïeux ; ils étaient alors tombés dans une sorte de dépendance du roturier qui s'était enrichi. Une noblesse sans fortune n'était plus que ridicule ; il ne lui restait plus que d'injustes priviléges qui excitaient la haine sans lui rendre sa vraie prépondérance. Pour se soutenir, elle s'allia à la roture : on la vendit, cette noblesse, dans les besoins pressans de l'Etat. Tombés dans le mépris, beaucoup de nobles perdirent et leurs droits politiques et leur consistance ; et lorsqu'on réunit les Etats-Généraux, des nobles eux-mêmes, Mirabeau à leur tête, vinrent se placer fièrement dans les rangs du tiers-état, comme au centre même de la vraie représentation nationale.

Certes, ce n'était pas au gouvernement royal que l'industrie et le commerce devaient leur heureux essor. On semblait tout faire, au contraire, pour en arrêter les progrès. Ils avaient sommeillé pendant le long règne de Louis XV. — A l'avénement de Louis XVI au trône, Turgot, qui faisait partie de la secte des économistes dont les travaux et les méditations ont rendu dans la suite de si grands services ; — Turgot, animé de l'amour du bien public, avait demandé et obtenu pour tous les artisans la liberté de l'industrie, de ce droit qu'a chacun de disposer à son gré de toutes ses facultés. Les corporations et les priviléges exclusifs ne s'étaient per-

Pot Pourri Dramatique.
____

1. Pitt - renard.
air. Or écoutez [...]

1er

Or écoutez grands et Petits,
Dans cette enceinte réunis.
Sous votre forme naturelle,
Un secret que je vous révèle :
Si la France n'a le dessus
Vous serez découronnés tous.

2

Ne comptez plus sur les conquêtes
Vos généraux et vos soldats.
Ne font contre la carmagnole
Rien qu'une dépense frivole:
Or les gens qu'on ne peut dompter
Je crois qu'il faut les acheter

2. Georges - [...]
air de Jo[...]
Acheter tout à p[...]
Alliés et M[...]
Charette, Hébert, au[...]
Tout cela me ré[...]
Vous m'avez fait[...]
Dans ce [...]
Prenez donc qu'en l[...]
De renverser m[...]

3. François - A[...]
air le Connétable [...]
Ah! Georges pour n[...]
Périrons des emprun[...]
Car un Français n[...]
Russie Belge [...]
Enseigne que c[...]
Gagner l'un et l'autr[...]

Coalition des Rois.

pétués qu'à l'aide de cet esprit de cupidité et de domination qui tend sans cesse à tout envahir (1), et qui, de nouveau, s'arma contre le ministre patriote. Six mois après, l'ordonnance fut rapportée. Il fallut la Révolution pour arracher l'industrie au joug du privilége, et pour l'affranchir des tributs qu'elle payait à l'étranger.

Depuis l'anéantissement de la puissance féodale par Richelieu, la noblesse énervée, avilie, n'avait plus assez de force pour protéger le trône, ni même assez de courage pour le défendre. Sans doute, plus tard, de brillantes exceptions se firent connaître ; mais il fallut le malheur pour retremper ces ames abâtardies.

Il y avait en France plus de 70,000 fiefs ou arrière-fiefs.

Nous citerons un seul exemple des droits singuliers dont jouissaient messeigneurs les seigneurs : il nous sera fourni par la châtellenie de Pacé, en Anjou. Lorsqu'un chaudronnier passait près du Château, il était obligé d'y entrer et de demander à raccommoder la batterie, et pour paiement on lui donnait une miche et une demi-bouteille de vin. Le seigneur était en droit de confisquer les marchandises de celui qui aurait manqué à ce devoir. Le même seigneur avait aussi le droit de faire conduire devant lui, par ses gens, le jour de la Trinité, toutes les jolies femmes de Saumur et des environs, et dans le cas où elles n'auraient pas voulu danser avec ses domestiques, ceux-ci pouvaient les piquer trois fois dans une partie postérieure de leurs charmes destinée à un traitement plus doux, avec un bâton ferré marqué aux armes du seigneur. — Ne dirait-on pas que ces odieuses turpitudes avaient été inventées par des foux furieux ? Et nous frémissons d'horreur en lisant l'histoire des douze Césars !

Mais d'ailleurs, sauf quelques illustrations vraies, quelques noms historiques, qu'était cette noblesse qu'on a voulu, depuis, nous représenter comme le soutien du trône ! L'origine de la plupart de ces nobles était aussi basse (pour parler leur langage) que leurs mœurs étaient viles et corrompues. La Révolution a mis à nu la substitution des noms, l'usurpation des titres, les mensongères prétentions de ces fils de Mercure, de langueyeurs de porcs, de valets de chambre, de barbiers, de cuisiniers, qui se croyaient pétris d'une autre argile que le peuple. Ouvrons le Dictionnaire des Ennoblis : qu'y voyons-nous ? Un Champneuf, bourreau de Nantes, qui, en 1500, a acheté la noblesse pour 1,000 livres; un porte-manteau du Roi, un bâtard de chanoine, un valet de garde-robe, un La Varenne, cuisinier de Henri IV, un Quatre-Sous, langueyeur de porcs; un médecin de chiens, etc., etc.; et cinq mille autres de cette taille et de ce mérite (1). Parlerons-nous de la noblesse titrée ? La querelle survenue en 1722 entre le Parlement et la noblesse, a produit un mémoire très curieux sur l'origine de plusieurs familles en possession de la pairie. Le Parlement offrait de prouver au Régent que les ducs d'Uzès venaient d'un apothicaire de Viviers, ennobli en 1304 par un évêque de Valence. Qui ne savait que René Vignerot, au petit-fils duquel le cardinal de Richelieu substitua son duché, avait été domestique et serviteur des plaisirs de son éminence? — Les Amelots descendaient d'un marchand de harengs; les Bullion, d'un cocher ; les Camus de Pontcarré, d'un maître-d'hôtel ; les Matignon, d'un valet de chambre, etc., etc. — Nous ne parlons pas des nobles, fils des palefreniers et des valets de leurs pères.

La Révolution religieuse, comme cela était déjà arrivé en Angleterre, prépara la Révolution politique. En raisonnant sur les motifs de leur dévote obéissance, les citoyens s'essayaient à résister aux actes de toute tyrannie. D'ailleurs, les mœurs dissolues des prêtres n'avaient pas peu contribué à déchirer le voile et à leur faire perdre le peu d'ascendant qu'ils avaient conservé sur l'imagination des masses. Cinquante ans avant la Révolution, le cardinal de Fleury écrivait au cardinal de Tencin : « Je crois la réforme de la préla- « ture très difficile ; car tout le monde con- « vient qu'elle est non seulement gâtée du « côté des mœurs, mais même du côté de « l'esprit, et que les livres anglais y ont com- « muniqué leur venin. » Le bon cardinal en-

---

(1) Voyez Perreau, Elem. de Lég. — Dict. hist. de Paris, t. I, Introduction.

(1) Voyez Boussole politique, t. II, p. 227 et suiv. — Dictionnaire des Ennoblis.

tend par ces livres anglais , ces factums anti-catholiques et même spinosistes qui parurent en foule dans les derniers jours de la Reine Anne , et sous Georges Ier et Georges II. Ainsi donc, la plupart des anciens prélats de France ne croyaient plus au Pape et doutaient de Dieu même ! Nous ignorons quelles sut , à cet égard, les opinions de notre clergé moderne ; mais il sait du moins conserver, généralement, l'apparence de mœurs plus canoniques.

Les mœurs ! que dirons-nous de celles de cette époque ? de ces temps où, singe d'une cour dépravée, le plus grand peuple du monde, l'ame et le corps énervés par le luxe et la mollesse , était devenu la fable de l'Europe, et riait le premier de son abrutissement moral et de sa dégradation politique ? où le peuple le plus brave, le plus avide de gloire, en était venu à ce point d'oubli de soi-même, que les plus honteuses défaites n'étaient pour lui qu'une source de quolibets et de plaisanteries ? où l'on se vengeait de l'infamie par un calembourg, où un bon mot punissait un crime ? Alors, poudré, frisé, musqué, moucheté, coiffé à la brigadière ou à l'oiseau royal, armé de la *grande* ou de la *petite considération* (1), sans daigner emprunter ni masque ni voile, le vice marchait le front haut, et les plus dégradans plaisirs n'avaient rien de piquant pour lui s'il n'y joignait le scandale. Couvertes de vermillon et de céruse, nos femmes, alors, se faisaient des joues qui ne pussent rougir de rien.—C'est à cette époque que naissait cette foule de livres infames, de romans obscènes, accueillis alors avec transport, aujourd'hui repoussés avec dégoût par notre brave et forte jeunesse. Parcourez , comme nous, les vieilles bibliothèques de ces évêques, de ces abbés , de ces magistrats; allez dans ce recoin obscur, soulevez cette planche , écartez ces deux , ces trois rangées de gros in-quartos, d'in-folios théologiques : vous trouvez un volume... TRAITÉ DE MORALE ! que le titre ne vous arrête pas ; ouvrez... Un abbé a écrit ces horreurs, un prince a fait ces figures ! — C'est dans ce siècle qu'une fille de joie s'était assise près du trône ; que l'épouse d'un Maréchal de France, ivre des fumées d'une orgie, rouge, haletante. les cheveux

épars, poursuivait Clairval(1) dans la rue, en criant : Je le veux ! je le veux ! Le lendemain, l'on se contentait de dire en riant : Cette pauvre duchesse ! — Quel prince n'avait son harem, quel seigneur sa petite maison, quel évêque ou quel conseiller sa maîtresse ?— Là, une Reine de France soutenait le matin un procès scandaleux contre un cardinal, et le soir montait sur un théâtre. Car alors tout était acteur ; on jouait tout, excepté le vice. — Ici, une courtisane effrontée, la Duthé, qui traînait naguère et qui traîne encore peut-être, à Paris, les débris d'une odieuse vieillesse, allait recueillir en public les hommages de ses amans ; et un premier Prince du sang et un chanteur de l'Opéra se disputaient gaîment ses faveurs.—Ici, un fils de France insultait dans un bal, de la manière la plus grossière, sa jalouse cousine, puis donnait à la France le spectacle du duel le plus ridicule avec le triste époux de l'offensée ; et tout fier de ce beau combat, il allait essuyer au théâtre les sifflets des Parisiens.—Tantôt des princes, des seigneurs, trouvaient plaisant d'aller répéter, la nuit, sur de paisibles citadins, le rôle qu'ils jouaient, en grand, le jour auprès du monarque, et d'exercer sur les gardiens peu belliqueux de la sûreté publique une facile valeur. — Tantôt, tout chancelans encore des triples excès du vin, de la débauche et des veilles, ils allaient, déguisés à peine, chercher aux Halles de grossiers plaisirs, et danser avec les harangères (2). — Arétin était l'Anacréon de ce siècle.

Et cet effroyable désordre ne s'était point arrêté à la noblesse ; il avait envahi les rangs de la haute bourgeoisie. La classe moyenne y avait échappé... plus ou moins.

Sous le rapport des sciences et de la littérature, ce siècle, sans doute, a jeté un vif éclat sur la France. Parmi ses coryphées, on compte de vrais grands hommes dont le génie ferme et hardi, en déracinant les préjugés, a hâté l'époque de l'émancipation nationale. Mais si la liberté leur doit de reconnaissans hommages, la haute morale, il faut franchement en convenir, a plus d'un reproche à leur faire. N'oublions pas cependant que si un grand homme devance et domine son siècle, il est

<hr>

(1) Noms des paniers.

(1) Fameux acteur de la Comédie-Italienne.
(2) Voyez la gravure : DANSE A LA HALLE.

toujours soumis à son influence. Mais honte à cette tourbe de prétendus penseurs, sceptiques, sophistes, spinosistes, matérialistes, qui mettaient en doute les plus doux sentimens de la nature, jetaient le trouble et le découragement dans les cœurs, vous plongeaient dans les ténèbres sous prétexte de vous faire voir la lumière, et forçaient l'ame à ramper sur la terre, en lui fermant les cieux.

En des genres différens, le Sopha (1), Acajou, les Bijoux indiscrets, le Méchant, les Confessions du comte de ***; et plus tard, les Mémoires de Bachaumont, ceux de Grimm, de Madame d'Epinay, ceux d'un Père à son fils, ceux de Bezenval; les romans de Faublas, des Liaisons dangereuses, etc., sont la copie vraie de ce siècle de dépravation : — les écrits de Dorat, de Dumoustier, etc., en sont la peinture menteuse : — le roman de Justine en est la caricature infame.

De nos jours, la société est bien loin, sans doute, d'être exempte de vices : mais du moins la morale publique est respectée. Des femmes, dédaignant des devoirs sacrés, peuvent bien encore se disputer effrontément le cœur d'un prince royal; mais on les cite, mais on les marque au front d'un ineffaçable stigmate; les mères les redoutent pour leurs filles, les maris pour leurs femmes… — Autrefois on n'eût pas même songé à leur en faire un reproche, et la favorite eût excité l'envie.

Telle était donc la vieille France au moment où la Révolution vint la saisir; le moment était enfin arrivé où elle allait rougir de tant de folies et de crimes. Trois intentions, qui se sont si hautement manifestées dans le développement majestueux et terrible de cette crise mémorable, LA LIBERTÉ, L'ÉGALITÉ, LA FRATERNITÉ, commençaient à gronder dans toutes les ames. On avait frémi d'indignation à l'odieux partage de la Pologne, lorsque trois souverains osèrent attenter à l'indépendance d'un peuple libre. La prétendue philosophie des Rois n'avait plus été qu'une dérision amère; on n'était plus dupe de la Sémiramis du nord, du Salomon du nord.

Déjà ce nom de Roi était flétri d'épithètes sanglantes; et les esprits, les plus modérés même, appelaient de tous leurs vœux une réforme complète dans l'organisation civile et politique. Le spectacle de l'insurrection américaine, à laquelle le Gouvernement français venait de prendre une part si active, avai produit sur tous les cœurs l'impression la plus vive. Ceux de nos officiers qui avaient combattu en Amérique, fiers d'avoir aidé au triomphe de la liberté, avaient nourri ce généreux enthousiasme; ils avaient dit ce peuple rendu à la dignité d'homme, à l'abri du libertinage et de l'insatiable cupidité des cours, grand de sa propre grandeur; et la Liberté, l'Egalité, la vertu nationale et individuelle assurant aux Américains d'immenses destinées ! — On se montrait l'un à l'autre ce double spectacle de Rois assassinant un peuple, d'un peuple s'affranchissant de ses Rois; et ces tableaux funestes ou sublimes faisaient un appel à tous les cœurs et retrempaient toutes les ames.

Tout annonçait la résurrection de la patrie : beaux arts, nobles pensées, tout semblait renaître. La cour se livrait plus que jamais à ses folles erreurs; — mais David avait fait Brutus et les Horaces; Franklin était à Paris; — et Lafayette, Lafayette dont la France pleure aujourd'hui la mort, s'était élancé à la gloire.

Considérations préliminaires utiles à l'étude de cette histoire.

Nous comptons encore parmi nous trop d'étroites pensées qui s'obstinent à ne voir, dans la Révolution, que les malheurs et les excès dont elle a été l'inévitable cause.— Nous ne parlons ici que de ces gens à craintes franches et naïves, dont le cœur palpite encore épouvanté au seul souvenir de 93, et non de cette classe d'ambitieux plus ou moins perfides qui continuent d'exploiter ces terreurs au bénéfice du pouvoir monarchique. « Pour peindre tant de crimes (nous ont dit quelques hommes qui, d'ailleurs, en ont accepté les conséquences), il faudrait la plume d'un Tacite. »—Comme si la plus haute leçon qu'on doive recueillir des récits de ce grand homme, n'était pas, avant tout, celle d'un Dieu vengeant l'univers, par les Césars, de tant de siècles de honte et d'esclavage, et

___

(1) De Crébillon fils, Duclos, Diderot, Gresset, Marmontel, Louvet de Couvray, etc., etc. — Personne n'ignore que le marquis de Sade, mort à Charenton en 1814, est l'auteur de l'exécrable roman de *Justine*.

préparant, par degrés, l'affranchissement du monde ?

Ces écrivains d'académie, qui veulent soumettre la puissante raison de l'histoire à des figures de rhétorique, et qui croient avoir fait jaillir la lumière, lorsqu'ils ont frappé contre une antithèse, ont dit : — « Trop d'astuce et de timidité perdirent la royauté ; trop d'exagération perdit la république. » — La royauté, telle du moins qu'on l'entendait alors, et telle que naguère encore on voulait l'entendre, fut perdue à dater du jour où, sortant de sa longue enfance, le Français se fit homme ; et si la pique républicaine fut jetée bas il y quarante ans, c'est que les peuples n'avaient pas encore la main ni assez pure ni assez forte pour la tenir.

Il est une simple et saine philosophie qui s'accommode mal des fausses inductions, des lieux communs oratoires, des raisonnemens et des phrases de rhéteur, et des vains regrets du passé. — Animé d'un invincible amour de la patrie, tout lui devient bienfait. — Ce n'est point ce fatalisme qui attend, les yeux fermés, les coups du destin, et qui s'endort après les avoir reçus ; ce n'est point cet optimisme qui ne semble nier l'existence du mal que pour avoir le droit de ne donner nulle larme au malheur.

C'est cette foi du peuple, forte de candeur et de vraie sagesse, cette soumission raisonnée du bon citoyen, qui, loin de maudire des événemens accomplis, ou de croire follement qu'ils eussent pu céder à d'autres combinaisons humaines, les accepte comme conséquences forcées des temps, comme résultat d'un impérieux enchaînement de choses, et qui ne s'obstine à en étudier la cause et le produit que pour en retirer, en faveur de la patrie, tous les fruits possibles.

Voyez si, dans les deux années dont nous allons offrir le tableau rapide, chaque homme ne semble pas être un acteur amené là tout exprès, sur ce vaste théâtre, pour préparer et accomplir chaque événement qui va conduire aux imposantes scènes de 89 ?

Voici un roi, assez vertueux pour servir de transition supportable entre l'impur despotisme de Louis XV et le patriotisme de l'Assemblée constituante ; assez bon pour que, plus tard, la France libre comprenne bien que ce n'est pas à l'Homme-Roi que la nation en veut, mais au Roi-Principe ; assez obstiné pour que les volontés du Peuple puissent grandir devant ses capitulations de conscience ; assez sage, — d'autres ont dit assez faible, — pour comprendre enfin que toute résistance eût été vaine, et pour se créer, dans sa chute, un rôle bien plus beau que le premier.

Voici ce vieux jeune ministre de Louis XIV et de Louis XVI, ce Maurepas, dernière expression des volontés du *Grand-Roi*, débris qui flotte sur trois règnes, et qui vient s'offrir presque au moment du naufrage de la monarchie, aux regards étonnés des Français, comme un impudent échantillon de l'absolutisme de l'époux de Maintenon et de la ricaneuse corruption de la Régence.

Puis, c'est Turgot, c'est Necker, que le ciel envoie pour faire entendre d'austères vérités, et servir, un moment, de contraste aux insensés qui vont les suivre ; généreux prophètes qui troublent la joie des festins de Balthazar, et qu'on chasse comme apôtres du mensonge, jusqu'à ce jour où une main de feu doit tracer, sur le mur royal, les trois mots fatidiques : LIBERTÉ, EGALITÉ, FRATERNITÉ.

Ils font mieux sentir à la France tout ce qu'elle doit de honte et de haine à ce Calonne, qui réunit en lui seul la rapacité d'un Marigny, l'insolente profusion d'un Fouquet, la luxure d'un Dubois, et qui, fidèle au rôle que la Providence lui a tracé, vient, juste au moment convenu, placer son *déficit* dans les préparations d'un dénouement vengeur.

Suivez enfin au pouvoir ce Loménie de Brienne accomplissant, comme il le faut dans les intérêts de la liberté, sa double charge de ministre inepte et de prêtre corrompu, et vous verrez qu'il ne manque à rien de ce qu'attend d'un tel homme le véritable vœu national.

Supposez maintenant, dès les premiers pas de la Révolution, l'énergie républicaine heurtant violemment les résistances royales, et les hautes vérités patriotiques de l'Assemblée constituante n'ont ni le temps de se développer ni celui de germer dans les cœurs. — Mais d'amers regrets aristocratiques vont se faire entendre, des projets contre-révolutionnaires s'organiser, l'étranger se lever et menacer la France ; mais un seul pas rétrograde, et le fruit de tant d'efforts sera perdu... — Dans cette grande lutte, engagée sur les limites de deux siècles, tour à tour Mirabeau, Barnave, Vergniaud, Danton, Saint-Just, Robespierre paraissent, au temps marqué, pour opposer leurs mains de fer à tant d'ennemis.

Ces géans de la liberté, à qui la haine la plus aveugle ou la plus déplorable stupidité peuvent, seules, dénier une si haute portée d'esprit et une fermeté de principes si bien d'accord avec le rôle qu'ils ont joué, avaient accepté leur mission ; ils n'en avaient pas d'autre à remplir. Aussi, voyez-les (et nous ne parlons ici que des chefs et non de ces délégués de leur pouvoir, satellites dont ils ont été forcés eux-mêmes, trop souvent, de détester les cruautés et de maudire la perfidie (1)), voyez-les, dans leurs actes, suivre l'impulsion de la grande pensée qui les domine, et non celle de leurs caractères. Pour n'en citer qu'un seul exemple, ce terrible Danton était le plus doux des hommes. Après tout appel consciencieux fait à notre raison et à notre justice, nous ne pouvons les comprendre autres qu'ils ont été, à l'époque où ils devaient être. Qu'ils reculent un seul instant devant la moindre des conséquences révolutionnaires, et nulle de nos libertés présentes, quelque controversées qu'elles puissent être encore, n'arrive jusqu'à nous. — « Il est écrit dans le code des nations, a dit Legendre, que tout peuple qui, après avoir fait une révolution, a regardé derrière soi, n'en a jamais atteint le but. »

Cependant ces hommes, dont la patrie, au jour du danger, dut toujours évoquer les inspirations généreuses ; ces hommes, dont les travaux ont assuré à notre avenir un si noble héritage, n'ont été compris, pendant long-temps, que d'un bien petit nombre de vrais patriotes ; leur mémoire a été long-temps

offerte à l'exécration des hommes... — Et ceux-ci, les jugeant d'après le succès (car pour les masses le succès est vertu), acceptèrent ces calomnies. — Il devait en être ainsi, nous l'avouerons. Lorsqu'on vit succomber ces ardens réformateurs sous l'édifice qu'ils avaient voulu vainement élever, on put leur reprocher d'avoir tenté de tels essais à coups de têtes humaines. Aussi, nous, qui commençons à recueillir le fruit de leurs sacrifices, nous les comprenons ; ils ne l'étaient point, vivans, alors qu'ils ne craignaient pas d'immoler jusqu'à leur mémoire au bonheur futur de la patrie.

Sans doute, ils ont eu le tort de croire qu'on pouvait arracher un peuple à ses mœurs aussi aisément qu'à ses rois. — Robespierre, lui-même, en convenait, quoique d'une manière détournée, lorsqu'il disait : « Les mouvemens majestueux d'un grand peuple, les sublimes élans de la vertu se présentent à nos yeux timides comme les irruptions d'un volcan ou le renversement de la société politique ; et, certes, ce n'est point la moindre cause des troubles qui nous agitent, que cette contradiction entre la faiblesse de nos mœurs, la dépravation de nos esprits, et la pureté des principes, l'énergie des caractères que suppose le gouvernement libre auquel nous osons prétendre. »

Mais d'ailleurs, les événemens qui ont suivi la Révolution se sont chargés d'en expliquer l'inflexible rigueur ; et pour en faire excuser les excès, nous verrons plus tard un Directoire avili ; des Français combattant dans les rangs étrangers ; un Pichegru, un Moreau, traitres à la patrie et à leur gloire ; les journées de Vendémiaire ; toute la France ensanglantée par d'affreuses réactions ; les patriotes décimés à coupes réglées (1) ; les *dandys* de Thermidor, les *muscadins*, sbires athées de la cause de Dieu et du roi, modernes CAVALIERS aux cadenettes retroussées, aux longs escarpins, attaquant en masse et en plein jour, et brisant de leurs gourdins énormes les TÊTES RONDES de l'époque, les républicains désarmés ; l'athéisme publiquement prêché ; l'adultère en

---

(1) « Quelquefois les bonnets rouges sont plus voi- « sins, qu'on ne pense, des talons rouges. » (Rapport fait par Maximilien Robespierre, au nom du Comité de salut public, le 5 nivose an 11.) — Dans la séance du 4 ventose an 11, Taillefer et Bréard se plaignirent de ce que des hommes à nouveaux bonnets rouges faisaient arrêter des patriotes. Le but de ces hommes était de déconsidérer et de faire détester le gouvernement républicain. (Faisceau poétique et national, par J. Bouisson. 3e liv., p. 348.)

(1) Nous empruntons cette expression aux excellentes notes dont M. Justin Bouisson a enrichi son Faisceau poétique et national, ouvrage éminemment patriotique, qui obtient dans nos provinces un succès égal à son mérite.

honneur, n'acceptant le divorce que pour unir les raffinemens du scandale à l'infamie du crime ; ce club de femmes sans pudeur, courtisanes gallo-grecques, ameutant tous les vices contre la sévérité républicaine, sous prétexte de nous rendre des mœurs (1)!..... Et de nos jours, pour tout dire en peu de mots, les trois grandes journées chargées, mais en vain, de recommencer l'œuvre de la liberté.

Homme, je gémis sur chaque malheur individuel ; citoyen, je m'incline avec un respect reconnaissant devant ce sublime orage d'où s'est élancée la France nouvelle. Eh ! pourquoi les vainqueurs d'alors seraient-ils flétris de ce nom de bourreaux, quand vain-

queurs et vaincus ont été, presque tous, également victimes ? — « Le fait politique et moral qui résulte d'une révolution, a dit M. de Châteaubriand, est toute cette révolution. » — Ne voyons donc plus, dans ce prodigieux bouleversement des hommes et des choses, que l'enfantement laborieux de nos destinées futures ; quels qu'ils soient, vaincus ou vainqueurs, ne voyons plus enfin, dans tous, que des martyrs scellant de leur sang notre religion nouvelle, notre belle religion d'indépendance.

Nous osons croire que, guidé par cette croyance citoyenne, on comprendra mieux les événemens et les hommes de la Révolution. Examinez-les à leur point de vue vrai ; ne les soumettez pas au vôtre ; surtout, ne les déplacez pas du cadre pour lequel ils ont été faits : car c'est en suivant une méthode contraire que se forment presque toujours les faux jugemens historiques.

N'oublions pas que c'est au sein du désordre même que la nature médite ses plus hauts desseins et prépare ses plus rares merveilles ; le passage de l'enfance à la jeunesse s'annonce par une fièvre ardente de l'ame ; nos facultés ne s'étendent que par les passions... — Considérée dans son ensemble, l'espèce humaine est soumise à ces révolutions et à ces lois ; et l'époque de la force et de la virilité des nations est aussi annoncée par des orages !

(1) L'illustre David, lors du séjour que nous avons fait auprès de lui à Bruxelles, en avril et mai 1821, nous a raconté plusieurs fois que les femmes les plus célèbres de cette horrible époque, celles que leur esprit, leurs graces, leurs charmes, la fortune, le rang même que leurs familles avaient autrefois occupé, placaient à la tête de la société fashionable d'alors, lui avaient fourni les modèles nus qui ont servi à quelques uns de ses chefs-d'œuvre ; bravant une ineffaçable honte, leur vanité se disputait effrontément le prix de la beauté. — Ces femmes, David nous les a nommées. Depuis, nous les avons vues, prêtresses bigotes de l'autel et du trône, poser sous un voile religieux pour des pinceaux royalistes. Nous tairons leurs noms par respect pour leurs familles et pour nous-mêmes. Nous n'aurions pas réveillé ces impurs souvenirs, s'ils n'aidaient point à donner une idée énergique et vraie de ces temps déplorables.

LIVRE PREMIER.

Nous avons esquissé à grands traits le tableau de l'administration militaire, civile et financière de la vieille monarchie française; nous avons découvert aussi les élémens de dissolution prochaine que renfermait chaque partie de ce grand corps.

Maintenant nous allons tracer l'avant-scène du drame révolutionnaire; nous allons donner une analyse historique des deux années qui ont précédé la Révolution.

Ces deux années développèrent rapidement les causes immédiates, soit intérieures, soit extérieures, qui devaient, en 89, amener l'entière dislocation du royaume de Louis XVI. C'est, pour tous les événemens qui vont suivre, un point de départ du plus haut intérêt;

les historiens qui nous ont précédés nous semblent, en général, l'avoir trop négligé; nous lui consacrerons un examen plus approfondi.

Que ceux de nos lecteurs qui n'ont point encore médité sur ces causes intimes de la Révolution française et sur les premiers efforts de la liberté, se pénètrent bien de leur ensemble et de l'esprit qui doit aider à le saisir et à le juger.

Avant de parler des faits qui se sont passés en France dans le cours des années 1787 et 1788, nous croyons qu'on nous saura gré de donner une idée de la position politique des diverses puissances de l'Europe à cette époque (jusqu'au commencement de 89). Tout lecteur comprendra combien il lui est utile de connaître les faits politiques qui, au dehors, ont influé, d'une manière plus ou moins directe, sur les grands changemens que la France devait bientôt subir.

Dans les commencemens du règne de Louis XVI, la situation extérieure de la France n'avait pas été sans gloire. La jeune indépendance de l'Amérique du nord protégée par nos armes; une guerre maritime dans laquelle l'Angleterre avait appris de nouveau à redouter notre pavillon; les vic-

(1) Nous dirons ici, pour n'y plus revenir, que nous nous abstiendrons, le plus possible, d'étaler au bas de chacune de nos pages une vaine érudition historique : il est évident que nos récits ne peuvent s'appuyer que sur la lecture, long-temps raisonnée, de tous les écrits bons ou mauvais qui ont paru avant le nôtre. Les citer à chaque page nous paraît être une prétention fatigante pour le lecteur, et une garantie pour le moins inutile, si l'on n'a pas, avant tout, confiance dans la probité de l'historien.

Nous nous contenterons donc désormais d'indiquer de loin à loin et en masse, les écrits moins connus, les mémoires inédits, les manuscrits qui sont en notre pouvoir; nous réservant seulement le droit de citer, en particulier, les sources où nous aurons puisé un fait étrange, ignoré même des contemporains, ou l'écrit auquel nous aurons fait un emprunt direct.

Voyez pour les faits qui vont suivre : — Tableau des événemens civils, politiques et militaires qui ont accompagné les guerres des Français, et leur influence sur la civilisation et les progrès de l'esprit humain, t. 5. — Montgaillard. — Origine et vices de la constitution britannique. — Mémoires sur la révolution de Hollande, par Caillard, avec la décade historique du comte de Ségur. — Histoire des princi-

paux événemens du règne de Frédéric-Guillaume II. — Mémoires de Ségur. — Lettre de madame L.... à M. de Calonne, broch., 1789. — Lettre au même par Constantini, broch. 1789. — Lettre au roi, 4 octobre 1788. — Situation de la France, broch. 1788. — M. de Calonne tout entier, ouvrage critique, politique et moral, par C..., Bruxelles, avril 1788. — Réponse de Calonne à M. Necker, 1788. — Mercure de France, années 1787 et 1788. — Mémoires de l'abbé Georgel, t. 4. — De Ferrières. — De Bailly, etc., etc. — Correspondance de Grimm, années 1787-8. — Mémoires secrets de Bachaumont, année 1787. — Lettre de l'abbé Sabatier de Castres à M. Necker, 7 septembre 1788. — Journal polit. nat. par Salomon. — Cambrai, 1789, etc. — Résumé général des cahiers de tous les bailliages, juin 1789. — Esquisse du règne du George III, ou coup d'œil sur l'état des cours de l'Europe, années 1787-8-9, 1 vol. etc.

toires du bailli de Suffren ; quelques heureux combats des Destaing, des de Grasse, des Guichen, des Lamotte-Piquet, des Latouche-Tréville ; les expéditions des Lapeyrouse et des Bougainville ; les débris dispersés de l'empire d'Aureng-Zeib rassemblés à l'ombre du drapeau français par les deux génies du Maïssour, Haider-Aly et Typoo-Saheb ; les tyrans des mers près d'être chassés de l'Indoustan : tous ces succès, quoique balancés par de nombreux revers, avaient d'abord rendu au Gouvernement français une partie de sa prépondérance.

Il semblait que la liberté eût attendu la mort du dernier despote français, de Louis XV (car Louis XVI eut au moins des intentions patriotiques), pour donner à la France le premier signal des prodigieux événemens qu'elle devait bientôt accomplir. En 1775, Boston tira le premier coup de feu contre sa mère-patrie.

L'Angleterre avait perdu la plus belle portion de ses colonies continentales, pour avoir voulu les soumettre à son monopole et aux caprices de ses ministres et de son roi : — précédent fatal à la royauté, exemple où la servitude française puisa du courage et des espérances. En vain Chatam, père célèbre d'un fils plus célèbre encore (William Pitt) ; en vain Burke qui débutait alors dans la carrière de la parole, et le noble Fox, dont tout Français doit honorer la mémoire, s'étaient-ils efforcés de ramener ministres et roi à des plans plus conformes aux intérêts et à la dignité de la mère-patrie ; ils n'avaient point été écoutés.

Remarquons en passant que Burke, qui ne cessait de réclamer pour tous les peuples une *constitution libre*, changea tout à coup de langage à l'époque de la Révolution française, et devint l'ennemi le plus acharné de *la Déclaration des droits de l'homme*. —Car cette morgue anglaise qui, au dehors, s'affiche contre nous avec tant d'insolente hauteur, ne confond pas la France avec le reste du monde. La politique britannique dit : La France et l'univers ; et elle la hait autant qu'elle la redoute. Un moment son alliée, peut-être ; mais son amie dévouée, jamais. C'est la conséquence forcée des longs et antiques outrages qu'elles se sont réciproquement prodigués l'une à l'autre, et dont notre position géographique est la cause première... —Nous lui barrons l'Europe. —L'on verra, dans la suite de cette histoire, comment cette haine et cette crainte qui, d'ailleurs, conservent encore toute la force de deux sentimens nationaux, furent l'une des premières causes des excès qui dénaturèrent, en quelques parties, notre belle Révolution.

La protection armée accordée en 1778, par Louis XVI, aux insurgés américains, qui, depuis, se sont montrés assez peu reconnaissans à notre égard, avait été noble, sans doute, mais peu prudente ; elle avait réveillé, aux portes de la France, un ennemi non moins dangereux qu'implacable, et les peuples dont elle avait aidé à briser la chaîne étaient trop faibles encore et trop éloignés de nous pour que leur alliance fût utile. Une monarchie fondée sur le droit divin eût dû prévoir qu'elle compromettait sa propre existence, en donnant l'exemple d'une telle atteinte à la suprématie royale. Mais l'honneur français avait saisi avec transport les moyens de se venger de l'humiliante paix de Paris (10 février 1763), par laquelle nous avions cédé à l'Angleterre nos plus importantes possessions coloniales, surtout ce Canada, cette autre France qui conservait avec tant d'amour les doux souvenirs de la vieille patrie.

Le gouvernement anglais avait reconnu l'indépendance américaine dans le traité de Versailles, dont les bases, jetées en 1782, ne furent définitivement arrêtées qu'en janvier 1783. —Le jeune émule de Rochambeau, le digne fils adoptif de Washington, Lafayette, avait été accueilli de toute la France avec ces transports d'enthousiasme dont notre ardente nation sait si bien récompenser ses héros ; quitte ensuite, nouvelle Athènes, à briser de ses propres mains son idole. —Trianon même s'était empressé d'offrir ses fêtes à l'heureux vainqueur d'Iorktown(1). —Ainsi l'éloge des rois et le sourire des reines furent l'un des premiers triomphes du soutien de la cause populaire.

Ce traité de Versailles n'avait, d'ailleurs, réalisé aucune des larges espérances que la France avait conçues pour elle-même. —L'Angleterre, en qui l'on doit reconnaître le

______

(1) Où lord Cornwalis, et son armée forte de 8,000 hommes, furent forcés de mettre bas les armes, le 19 octobre 1781.

plus éminent esprit de nationalité, gémissant sur ses blessures sans les avouer, n'avait consenti qu'à quelques restitutions de peu d'importance, Sainte-Lucie, Tabago, la rivière du Sénégal, les îles de Gorée, de Saint-Pierre, de Miquelon, etc., etc. ; et, soit erreur, soit corruption de nos ministres, elle avait obtenu de tels avantages dans le traité de commerce passé entre elle et nous en 1786, que Pitt s'en était glorifié comme d'une victoire (1), et que tout le haut commerce français en avait poussé des cris de douleur et d'indignation.

Etat des puissances européennes avant la révolution, années 1787-88. — Politique du cabinet de Saint-James. — La Porte Ottomane. — Catherine II. — Guerre entre la Porte, l'Autriche et la Russie. — Gustave III. — Joseph II. — L'Italie. — L'Espagne. — Le Portugal. — Frédéric-Guillaume II.

Cependant le cabinet britannique nous avait considérés, avec raison, comme le principal agent de ses désastres ; il méditait de s'en venger. Tandis qu'il réparait en secret ses forces épuisées par six années d'une guerre malheureuse, ses agens parcouraient toutes les cours de l'Europe (1787-8) ; sa haine y combattait encore la France. Désarmée, mais par cela même plus dangereuse peut-être, partout l'Angleterre intriguait contre nous, partout elle irritait contre nous les soupçons et l'envie, entravait nos plans, nos traités, notre commerce, et préparait déjà cette lutte à laquelle la liberté dut ses plus beaux triomphes, la gloire de nos armes Napoléon, et nos derniers revers la Sainte-Alliance.

La Porte qui, dès que les armées de la chrétienté eurent été soumises aux lois d'une rigoureuse discipline et d'une tactique savante, cessa peu à peu d'être la terreur de l'Europe, avait élevé, contre l'ambition toujours croissante de la Russie, de justes plaintes ; Catherine II les avait méprisées. Enivrée des éloges si peu philosophiques de Voltaire et de ses disciples, fière de ses derniers succès, dont l'un était un assassinat et l'autre un vol (le partage de la Pologne et la conquête de la Crimée), la Sémiramis du Nord rêvait la renaissance de l'empire d'Orient. Chacun des derniers actes de sa politique avait accusé et

(1) Tableau des finances soumis à la chambre des communes. — Juillet 1786.

ses désirs et ses projets (1787-8,. Ses intrigues menaçaient le divan dans les îles de l'Archipel, en Grèce, en Égypte ; des troupes russes avaient envahi les vallons du Caucase ; enfin son célèbre voyage en Crimée, cent mille Russes réunis en Ukraine, une flotte nombreuse à Kherson et dans le vaste port de Sévastopol, son alliance avec Joseph II, qui, de son côté, bordait de soixante mille hommes les frontières de la Silésie, le traité de commerce signé avec la France (1787), etc., légitimaient les inquiétudes de la Porte. — La guerre s'était allumée entre la Porte, l'Autriche et la Russie.

Gustave III, que la sanglante vengeance du sénat suédois, dépouillé par lui de son pouvoir, devait bientôt arrêter (16 mars 1792) dans sa carrière de folle ambition et de forfanterie chevaleresque, après avoir conclu avec la Russie et le Danemark un traité de neutralité utile au commerce du Nord, était sur le point d'essayer ses forces contre ces deux puissances. Peu content d'avoir ressuscité, en Suède, l'absolu pouvoir de Charles XII, il songeait à jouer, au dehors, le rôle de ce héros.

L'empereur d'Allemagne, Joseph II, honnête homme, mais prince faible et systématique, après avoir formé les plus vastes projets, les avait vus tous échouer par défaut de prudence, de vigueur et d'ensemble. Un sombre chagrin minait ses jours ; dans son règne d'un moment, il comptait la Silésie arrachée à ses domaines héréditaires, les troubles de Hongrie, de nombreuses défaites essuyées contre les Turcs, et la perte probable du Brabant qu'il avait vainement voulu soumettre à d'impolitiques innovations. — On verra plus tard comment sa sœur, Marie-Antoinette, fut accusée, au sujet de la révolte de la Belgique, d'avoir livré l'or de la France à son frère.

Ganganelli, Clément XIV, était mort le 22 octobre 1774 ; — Pie VI (Jean-Ange-Braschi) occupait la chaire de Saint-Pierre.

L'Italie était tranquille. — Venise achevait d'accomplir ses sombres destinées sous les lois d'un sénat, tyran domestique qui, au dehors, se courbait devant toutes les puissances. — Gênes et le Piémont vivaient sous la protection de la France ; — Naples végétait sous celle de l'Angleterre. — Un prince bon et sage, Léopold, qui devait bientôt succéder à son frère Joseph sur le trône impérial (20 février 1790), gouvernait la Toscane qui l'adorait comme un père.

Au sud-ouest de l'Europe, le Portugal n'était toujours qu'une province tributaire de la Grande-Bretagne. — Languissante de faiblesse, l'Espagne, ainsi que sa cour monacale, s'occupait bien plus des intrigues amoureuses de sa reine et de la rapide fortune du favori de Charles IV, le jeune et beau Manuel Godoï, depuis duc de la Alcudia, si connu ensuite sous le nom de prince de la Paix, que de tous les différens des princes de l'Europe et de ses propres intérêts politiques.

La Prusse avait perdu son grand Frédéric 1786), et, avec lui, la majeure partie de sa prépondérance. Indigne neveu de ce héros, son successeur, Frédéric-Guillaume II, livré aux caprices de ses maîtresses et de ses favoris, et au charlatanisme des illuminés, avait abandonné les rênes du gouvernement au ministre comte de Hertzberg, dont la prudence et la fermeté servirent un moment de contrepoids aux folies de son maître. Guidée par Herzberg, la Prusse, inquiète de l'étroite union de l'Autriche et de la Russie, avait excité la Turquie à déclarer la guerre à ces deux puissances ; elle s'était emparée de Dantzick et de Torn, et, profitant de l'inconcevable incurie de notre ministère, elle venait d'appuyer de vingt mille hommes, contre les patriotes hollandais, les tyranniques usurpations du stathouder Guillaume V. Disons un mot de cette affaire qui eut alors une influence marquée sur les destinées de la France.

Guillaume V était arrivé au stathoudérat en 1786. Dans la constitution primitive des Sept-Provinces-Unies, les stathouders, comme on le sait, n'étaient que les délégués de la puissance exécutive. Mais, peu à peu, ils avaient envahi les plus importantes prérogatives du pouvoir législatif. — Il en sera toujours ainsi en des chartes de cette nature :

d'un côté, unité d'action, égoïste énergie d'une seule volonté, mêmes désirs, mêmes vœux de famille, mêmes préceptes quasi sucés avec le lait, quasi passés dans le sang, transmis du père au fils comme devoir héréditaire, comme évangile du despotisme, mille moyens d'éluder des sermens ; — de l'autre, faisceau trop souvent disjoint, confiance trop aveugle, intérêts de localité, espérances trop faciles à amuser comme à décevoir, familles flottantes, corruptions individuelles. — Quelques amis sincères de la haute liberté des peuples pensent même qu'une monarchie républicaine, sous quelque dénomination qu'elle soit créée, n'est qu'une anomalie sociale et politique, qu'une impossibilité métaphysique et morale. — Tant qu'un peuple, disent-ils, seul maître légitime des deux puissances, donnera, à l'usufruit de la plus importante des deux, force de propriété absolue, sa liberté ne sera, en réalité, qu'un vain mot et qu'un hochet de forum. F. Cooper a dit avec raison, dans sa belle légende américaine, *Lionel Lincoln* : « L'ÉGALITÉ et la LI-« BERTÉ ne font point partie du métier de « prince. »

Fidèle à l'exemple donné par ses aïeux, mais plus ambitieux encore, Guillaume V crut avoir trouvé le moyen d'étendre ses priviléges et sa puissance. Malgré la défense expresse de la loi constitutive, il voulut influencer en secret le choix des magistrats des villes et celui des députés ; les États, composés ainsi de ses créatures, lui auraient assuré l'autorité suprême. Ces tentatives furent bientôt connues et déjouées. Soutenus d'abord par la France, les patriotes, dont la plupart voulaient la chute du prince et du stathoudérat, aigrirent aisément le mécontentement national : la presse attaqua Guillaume ; celui-ci voulut la restreindre ; ses troupes marchèrent contre Hattem et Elbourg ; — de toutes parts on courut aux armes.

Le ministère français avait fort bien compris d'abord que les troubles de la Hollande menaçaient sa propre tranquillité, et que la force indépendante de cette république était la plus utile alliée qu'il pût, dans tous les temps, opposer à l'Angleterre. La conduite du cabinet de Saint-James devait donc être tout-à-fait contraire à ces vues politiques du cabinet de Versailles ; aussi s'efforça-t-il de

rendre nulles toutes les mesures d'accommodement proposées par les ministres de Louis
XVI , et d'abord accueillies par le prince
d'Orange et le peuple hollandais. — Soutenu
de l'Angleterre et de la Prusse, Guillaume fit
entendre un langage plus despotique; les
Etats prononcèrent sa déchéance. C'est alors
que le roi de Prusse, sous prétexte d'un affront fait à sa sœur, la princesse d'Orange,
fait avancer 20,000 hommes vers la West-
phalie.Une simple démonstration de la France
eût arrêté la marche du duc de Brunswick.
Quelques conseillers de Louis XVI, plus sages ou mieux intentionnés , demandaient
qu'on envoyât sur-le-champ quelques troupes
à Givet. Frédéric-Guillaume n'aurait pas osé
s'attaquer à la France. La marche timide du
duc de Brunswick l'attestait : mais bien convaincu enfin que notre ministère ne ferait
contre lui aucune démonstration hostile, le
duc avait pénétré en Hollande jusqu'à La
Haye ; et Guillaume V, uni à l'Angleterre et
à la Prusse, avait, à notre grande honte,
établi son autorité despotique sur les débris
de ce parti patriote dont les intérêts s'unissaient si intimement aux nôtres.

Ainsi le gouvernement français , après
avoir bravement combattu l'Angleterre dans
les mers de l'Inde et sur le continent américain, avait lâchement cédé à l'influence de sa
politique. — Il paya cher son impardonnable
insouciance, ou pour mieux dire l'ineptie de
ses ministres : — l'Anglais redevint le tyran
des mers, et la considération de la France fut
de nouveau perdue, jusqu'au jour où la liberté lui rendit ses armes.

Telle avait donc été la situation politique
de l'Europe pendant les deux années qui précédèrent la Révolution. Quant à la France,
elle avait payé, comme on l'a vu, tous les frais
d'une guerre longue et dispendieuse, sans
en retirer aucun fruit. « Renverser la puissance anglaise dans l'Inde, dit un contemporain (Servan), lui enlever le Canada et
peut-être la Jamaïque, n'eût pas été une entreprise impossible : la France n'avait rempli
aucun de ces objets. Après avoir laissé partager la Pologne, humilier et enchaîner les
patriotes en Hollande, passer Dantzick sous
la domination prussienne, déclarer la guerre à
la Turquie, la France aurait encore pu réussir à former une alliance avec la Russie, l'Es-

pagne et l'Autriche, pour s'opposer à l'ambition menaçante des Prussiens et des Anglais :
par cette alliance, elle eût sauvé la Pologne,
rassuré la Turquie, contenu la Suède, forcé
l'Angleterre et la Prusse à souscrire à des arrangemens qui eussent ramené tous les partis,
sans les fautes trop multipliées de notre ministère. »

Ce ministère était la honte de la France.
— Calonne, au commencement de 1787,
après quatre ans d'une administration coupable, avait achevé de dilapider nos dernières ressources financières ; — et non moins
coupable et bien plus odieux, Loménie de
Brienne, en 1788, consommait, comme à
plaisir, la ruine de la monarchie.

(Ann. 1787-88.) Calonne ; son portrait; son administration financière; ses profusions.— Anecdote à
ce sujet. — Le déficit. — Première Assemblée des
notables, 22 février 1787. — Renvoi du garde des
sceaux Miroménil. — Chute de Calonne.

Calonne était arrivé au ministère en 1783,
sous les plus défavorables auspices. Des souvenirs anti-patriotiques entachaient son nom.
Il avait été l'agent principal de cette commission qui fut érigée en 1765-66 à Rennes et
à Saint-Malo, contre les magistrats du Parlement de Rennes et notamment contre La
Chalotais. Tout le monde sait que ce célèbre
procureur-général avait, dans ses comptes-
rendus , dévoilé le vice des constitutions et
du régime des jésuites, et qu'il s'était opposé
de tout son pouvoir, pendant les Etats de
Bretagne de 1762, aux manœuvres et au rétablissement de ces perfides et implacables
ennemis des libertés de l'Eglise gallicane et
de la liberté de la France. Créature dévouée
des jésuites et du méprisable duc d'Aiguillon,
Calonne avait chaudement servi leur haine
et leur vengeance contre l'illustre magistrat.
L'intendance de Flandre avait alors récompensé son zèle.

Successeur de Necker, Calonne avait offert, avec le ministre génevois, le plus étrange
contraste : celui-ci, froid, sec, compassé, beaucoup trop pédamment systématique dans son
administration comme dans son langage pour
pouvoir plaire aux courtisans, de formes et de
manières presque puritaines, dédaigneux des
suffrages de la cour, jaloux des suffrages populaires, d'une probité inflexible, non moins

inflexible aux demandeurs ; — celui-là plein d'esprit et de graces, courtisan à la Richelieu, aimable et brillant auprès des femmes, sacrifiant tout à ses passions, ne refusant rien à ses maîtresses et à ses flatteurs : —ces deux hommes étaient l'image vivante de la *Recette* et de la *Dépense*.

Une coterie, moins nombreuse que puissante, principalement composée de jolies femmes, de femmes à la mode, faction toujours si agissante en France, et surtout de la noblesse de cour qui espérait puiser à pleines mains dans le trésor royal, avait promis à la France, dans le nouveau contrôleur-général, à la fois un Sully et un Colbert. On vantait hautement ses connaissances et son génie.— Il est vrai, comme nous l'avons dit, que Calonne ne manquait ni d'esprit, ni de talens, ni d'adresse : mais il n'avait aucune des vertus qui forment le véritable homme d'état, et encore bien moins celles qu'on doit exiger d'un ministre des finances. Quand un ministre manque de probité, toutes les qualités de son esprit, quelque brillantes qu'elles puissent être, sont bien plus nuisibles qu'utiles à la branche d'administration qui lui est confiée. — Dénué de toute idée d'ordre et d'économie, sans principes arrêtés, esclave d'un luxe et d'un libertinage sans frein, Calonne était ce ministre.

Nous lisons dans plusieurs pamphlets du temps (1), confirmés d'ailleurs par les récits des contemporains, que son impudence sybarite n'admettait dans les foyers de ses boudoirs et de ses petites maisons que du bois de rose, alors destiné seulement à des meubles de luxe, et dont le prix eût fait vivre tant de familles. Souvent, par une sorte d'insolent défi, il allumait la bougie de ses maîtresses avec des billets de caisse. On se souvient des *pistaches à la Calonne*, de ces bonbons enveloppés dans cent billets de caisse d'escompte, chacun de mille livres, qu'il osa donner pour étrennes à une artiste célèbre dont il fut long-temps l'amant. Lors de la vente du Château-Trompette, cette heureuse favorite, chez qui fut traitée cette affaire, reçut 300,000 livres

(1) Lettre de madame Le B. à M. de Calonne, broch. in-8°, 1789. —Réponse de M. de Calonne, id. id. — M. de Calonne tout entier, par C*** (Constantini), avril 1788, etc., etc.

de pot-de-vin qu'attendait impatiemment la caisse royale.

Voilà comment la débauche et l'adultère passaient les marchés du Gouvernement ; voilà comment leur impudente audace traitait, aux yeux de tous, les affaires financières de la France, alors que la plus sévère économie eût dû s'efforcer d'adoucir les blessures de la patrie, alors que le monarque lui-même ne pouvait qu'à peine soulager une bien faible partie des maux d'un hiver désastreux ; — nos vieillards ne rappellent encore son souvenir qu'avec terreur : — la grêle ; les fleuves débordés ; la famine avec les maladies contagieuses qu'elle traîne à sa suite ; couvraient le royaume d'un deuil universel. — Funeste tableau que l'année 1788 va nous offrir encore.

Le Compte-Rendu de Turgot, en janvier 1776, ne présentait qu'un déficit de seize millions.

Suivant le Compte-Rendu de M. Necker (fin décembre 1780), les recettes ordinaires surpassaient les dépenses de dix millions. Mais, en janvier 1781, Necker, instruit alors des dettes qu'avaient entraînées la guerre de l'Inde et celle d'Amérique, avait été forcé à quatre-vingt-dix millions d'emprunt.

Fleury, son successeur d'un moment, effrayé de la dette publique, avait créé de nouveaux impôts.

Ce fut dans ces circonstances que Calonne prit le contrôle-général : elles étaient graves et difficiles, il faut en convenir ; mais toute plaie, simplement financière, dans un empire tel que la France, n'est jamais inguérissable.

Fort de l'appui de quelques princes et de quelques hauts personnages auxquels il prodiguait l'argent du trésor, et dont les profusions semblaient faire oublier les siennes, Calonne, malheureusement pour Louis XVI, avait obtenu sa faveur royale. Louis XVI aimait la vivacité et l'agrément de son esprit, et la prodigieuse facilité de son travail. Il suffisait d'ailleurs qu'il plût à la reine, dont l'ascendant sur le faible monarque était sans bornes.

Calonne s'était persuadé qu'un charlatanisme brillant pourrait en imposer assez à des esprits aussi impressionnables que ceux des Français, pour les décider à venir hardiment au secours du contrôleur - général.

Mais le charlatanisme en tout genre commençait à passer de mode. Si les écrits des Economistes et le régime sévère de Necker avaient excité les dédains et les clameurs de tous ces mendians titrés et de tous ces avides traitans qui voulaient mettre le trésor au pillage, ils avaient éclairé les contribuables. Avant de donner leur argent, ils voulaient qu'on leur débrouillât un peu cet informe chaos qu'on appelait un contrôle-général.

Nous ne pouvons ni ne devons tracer en détail les opérations financières de Calonne. — Il suffira de dire que, dès son entrée au Contrôle-Général, il osa publiquement promettre de renoncer à tout nouvel emprunt, comme à toute imposition nouvelle ; qu'il ne craignit pas de se priver de la ressource des économies, et d'acquitter l'arriéré du moment ; espérant que le peuple charmé s'empresserait d'apporter son argent à un ministre si exact à rendre, et, en apparence, si peu pressé de demander.

Mais personne ne pouvait être dupe d'un tel système : on savait trop qu'il manquait par la base. Si le peuple qui, déjà, commençait à sentir sa force, conservait encore pour le Roi une estime personnelle due à ses vertus privées, il n'en avait aucune pour son ministre.

Ce fut donc en vain que Calonne, imitant en cela seulement son prédécesseur, promit le siècle d'or dans les fastueux préambules de ses édits. On répondit à son éloquence par des pamphlets, à ses promesses par des sarcasmes, à ses calculs par des chiffres qui valaient mieux que des injures, et qui prouvaient ses erreurs et son impuissance. Son plus terrible adversaire, Necker, descendit dans cette lice : il en fut puni plus tard par l'exil.

Cependant Calonne avait achevé de compromettre l'existence de la monarchie ; il avait porté une atteinte mortelle à l'agriculture, à l'industrie et au commerce, en accoutumant les masses au régime d'une administration prodigue, dilapidatrice autant que licencieuse. Au bout de trois années d'administration, il ne savait plus comment faire face aux dépenses. Enfin, le DÉFICIT, ce monstre hideux qui, selon un préjugé vulgaire, enfanta la Révolution, mais qui, réellement et grâce à la Providence, en fut l'un des moyens bien plus que l'une des causes,

le DÉFICIT fut enfin connu : il se montait à cent dix millions.

Calonne avait, pendant deux ans, déguisé au monarque la triste vérité ; mais elle entrainait avec elle de trop effrayans résultats pour qu'il osàt, plus long-temps, en porter à lui seul tout le poids. Louis XVI recula, épouvanté, devant cet abîme que les talens du ministre le plus habile et les ressources ordinaires, ménagées avec toute l'économie d'un Sully, ne pouvaient combler. C'était surtout de temps qu'on manquait : le Gouvernement se sentait, avec non moins d'étonnement que de terreur, en présence d'une France nouvelle, de celle qu'avaient faite Jean-Jacques, Voltaire, Montesquieu, Diderot, Raynal, d'une population vigilante, active, impatiente ; et il comprenait aisément que ce n'étaient plus là des sujets à la Louis XIV et à la Louis XV, qu'on pouvait toujours amuser de déceptions et de palliatifs. Devant une nation pour qui chaque embarras du trône est un pas fait vers la liberté, comment songer à ces temporisations dont le pouvoir aime à se servir pour étendre ou rasseoir sa force morale ?

Il fallait donc avoir recours, et sur-le-champ, à des mesures extraordinaires ; et l'on nommait ainsi celles qui allaient demander aux amis-nés du trône de secourir le trône en péril. Nous allons voir comment le sacerdoce et la noblesse répondirent à cet appel.

Parmi la foule d'expédiens que Calonne voulut opposer à de si impérieuses circonstances, nous n'en citerons que deux : 1° L'impôt sur le timbre ; 2° l'impôt sur toutes les propriétés foncières sans distinction ; projet dont les bases principales avaient été déjà imaginées par Turgot.

Calonne avait, dans le conseil, un ennemi déclaré qui rejetait tous ses plans, M. de Miroménil ; et un ami qui les approuvait tous, M. de Vergennes. Depuis la mort du comte de Maurepas, Vergennes avait été mis à la tête du ministère, sous le titre de chef du conseil des finances ; titre purement honorifique (1), comme le dit ce bon abbé Geor-

---

(1) Mémoires pour servir à l'histoire des événemens de la fin du dix-huitième siècle , par un contemporain impartial (l'abbé Georgel); tome II, page 274.

gel, puisqu'il ne rapportait en effet que soixante mille francs par an.

Vergennes appuya auprès du Roi les projets de Calonne. Louis XVI les approuva avec empressement, surtout celui de la contribution foncière, ne doutant point d'une exécution facile avec ces nobles, ces grands qui, chaque jour, l'accablaient des protestations de leur amour. — Mais Calonne connaissait mieux que lui la nouvelle matière imposable à laquelle il allait oser toucher ; il ne se dissimulait pas que sa proposition exciterait les clameurs furieuses de tous les privilégiés, clergé, haute noblesse, haute finance, parlemens, etc., et que tous ses ennemis se réuniraient pour l'accabler. Aussi, disait-il à Louis XVI : — « Sire, voilà toutes mes res- « sources ; si vous les agréez, j'ai besoin de « toute votre énergie pour ne pas succomber « sous le poids des intrigues qui vont circon- « venir Votre Majesté. Si elle n'était pas dé- « cidée à me soutenir de toute sa puissance, « il vaudrait mieux me permettre de me reti- « rer avant de développer ce nouveau sys- « tème. »

Louis XVI lui donna sa parole royale qu'il resterait sourd à toutes les prières comme à toutes les plaintes, et qu'il le défendrait contre toutes les attaques ouvertes ou cachées. — Louis XVI ne tint pas son serment.

Cependant le contrôleur-général avait songé à s'assurer un plus ferme appui, en convoquant, en face de la nation tout entière, ce clergé, ces grands, ces magistrats, dont l'égoïsme n'oserait point alors, sans doute, s'étaler impudemment devant une si imposante publicité. L'Assemblée des Notables allait donc être pour lui un théâtre de gloire. — C'était encore un faux calcul de cet homme. Il eût dû s'avouer à lui-même que ces vœux d'économie, que ces propositions de sacrifices ne pouvaient avoir un plus odieux interprète qu'un dilapidateur tel que lui. D'ailleurs, il ne s'agissait pas seulement de rendre au trésor royal une faible portion de l'or qu'on y avait tant de fois puisé à pleines mains, il s'agissait d'abandonner le plus important des priviléges, celui qui, plus que tout autre, séparait encore en deux nations distinctes les nobles représentans des Francs ou des vainqueurs, et les vils descendans des Gaulois ou des vaincus; celui qui, enfin, sau-

vait encore quelques souvenirs des droits de la conquête et de la féodalité.

Le 22 février 1787, Louis XVI fit, à Versailles, l'ouverture de l'Assemblée des Notables. A l'éclatante pompe de cette solennité politique, au concours de tous les Princes de la Famille Royale et du Sang qui reçurent l'ordre d'entourer le trône, à la pieuse démarche du monarque qui, avant de se rendre à l'Assemblée, courut au pied des autels, dans tout l'appareil du pouvoir souverain, pour implorer les lumières et l'appui d'en haut, on vit combien Louis XVI attachait d'intérêt aux plans de son ministre. Mais ce qu'il ne croyait être qu'un appel fait aux premiers soutiens du trône fut aussi un signal pour les amis de la liberté, car le refus des uns apprit aux autres la résistance.

Présentons le tableau de cette cérémonie, image fidèle des usages de cette cour, qui, malgré les sévères économies de Louis XVI, étalait encore un luxe si insolent au milieu du désordre des finances et devant la misère publique. C'est la seule manière de peindre avec vérité des temps qui, bientôt, n'auront plus parmi nous de contemporains.

Le 22 février, au matin, Louis XVI, couvert de tous les attributs de la royauté, et suivi de Monsieur, du comte d'Artois, du duc d'Orléans, du prince de Condé, du duc de Bourbon, du prince de Conti et du duc de Penthièvre, vêtus comme lui de leurs habits de cérémonie, après avoir entendu une messe solennelle dans la chapelle du château, se rendit à l'Assemblée des Notables.

Quel sinistre prophète eût alors osé prédire à Louis XVI que les décrets du ciel avaient jeté dans son cortége deux Rois et le Père d'un Roi !...

La compagnie des gardes-du-corps, commandée par le duc d'Ayen, les chevau-légers de la garde, commandés par le duc d'Agenois, la fauconnerie ayant à sa tête le chevalier de Forget, commandant-général des fauconneries du cabinet du Roi, marchaient devant la voiture royale, que suivaient le prince de Lambesc, qui bientôt devait acquérir une si malheureuse célébrité; le duc de Coigny, écuyer du Roi, ce beau Coigny, dont l'amour téméraire et cependant impuni, — s'il faut en croire ou la médisance ou la calomnie, — avait osé s'élever jusqu'au trône, le duc de Fleury, premier gentilhomme de la chambre ; le duc de Liancourt, nom cher aux amis de la philosophie et de l'humanité, grand-maître de la garde-robe ; le duc de Brissac, premier pannetier, capitaine-colonel des Cent-Suisses ; le marquis de Verneuil, premier échanson ; le marquis de Chenage, premier tranchant ; le comte d'Haussonville, grand-louvetier ; le comte d'Escars, premier maître-d'hôtel, etc., etc. — Puis venaient les Cent-Suisses et les Gardes de la Porte, commandés par le vicomte de Vergennes, fils du ministre ; et les gendarmes de la garde, avec le prince de Soubise, leur chef ; et le chef des oiseaux du cabinet de Monsieur, avec son titre de baron de Cadignan ; et le chef des levrettes de la chambre de Monsieur, avec son titre de comte de La Marlière, etc., etc.

C'est au milieu de cette pompe, où tant de dignités et de fonctions rappelaient les temps barbares du despotisme féodal, que Louis XVI s'assit sur son trône, autour duquel se pressèrent les grands dignitaires de l'Etat, les grands officiers de la couronne, et la cour aimable et brillante de Marie-Antoinette. Ce fut, pour ainsi dire, la dernière représentation vraie de cette splendeur royale, de cette étiquette monarchique, fondées par le despotisme de Louis XIV.

Assis sur son trône, éclatant d'or et de pierreries, ayant à ses côtés ses deux frères et les princes du sang, devant lui ses ministres, à ses pieds le grand-chambellan, le Roi prend la parole : — « Il a choisi ces Notables dans les différens ordres de l'Etat (1), et il les a rassemblés autour de lui pour leur faire part de ses projets. C'est ainsi qu'en ont usé plusieurs de ses prédécesseurs, et notamment le chef de sa branche (2), dont le souvenir est si cher à tous les Français. — Les projets qui vont leur être communiqués sont grands et importans ; il faut améliorer les revenus de l'Etat, répartir plus également les impôts, libérer le commerce des entraves qui en gênent la circulation, soulager la partie indigente de ses sujets. — Il connaît leur zèle ; il compte que leurs avis, conspirant tous au même but, s'accorderont facilement, et qu'aucun intérêt particulier ne s'élèvera contre l'intérêt général. »

Ce discours, simple exhortation au bon vouloir et à l'obéissance, est suivi du long exposé du contrôleur-général. Plusieurs passages de ce discours, qui dura une heure, méritent d'être textuellement cités. Quelles que soient les accusations qui pèsent de tout leur poids sur la mémoire de Calonne, son langage, en ces graves circonstances, fit, il faut en convenir, non moins d'honneur à son esprit qu'à son courage.

Loin de nous cet esprit de parti qui, n'admettant pas même la possibilité d'une action honorable, d'une pensée saine et juste, dans une opinion contraire ou dans une caste rivale, frappe en masse de son mépris et de sa haine toute une vie, tout un peuple, toute une époque : c'est rabaisser l'équitable sévérité de l'histoire aux basses et petites haines d'une coterie.

Si les actions antérieures de Calonne eussent répondu à ses dernières paroles, ce discours serait immortel ; mais, pour faire goûter aux hommes des vérités austères, il faut la sanction d'une vie irréprochable ; et, dans Calonne, le ministre et l'homme faisaient trop de tort à l'orateur, pour que celui-ci pût espérer un triomphe complet.

Il put s'en flatter un moment ; car son éloquence élégante et facile, et la grace de son débit, arrachèrent d'involontaires applaudissemens à ceux-là mêmes qui, tout en l'écoutant, méditaient sa ruine. Songeons au temps, aux préjugés de la noblesse, beaucoup moins odieux alors qu'ils ne nous le paraissent au-

---

(1) Les privilégiés formaient la grande majorité de l'Assemblée des Notables.

(2) Il eût été, certes, d'un utile secours et d'un haut intérêt pour Louis XVI d'appeler à l'Assemblée des Notables un bien plus grand nombre de voix populaires, en supposant qu'il y en ait eu de franchement telles à cette Assemblée : car les seuls représentans du Tiers-Etat, échevins, maires et prévôts, dépendaient trop des volontés ministérielles. — Le prince et le ministre auraient eu plus d'espoir d'obtenir contre les privilèges un triomphe que leur refusèrent les privilégiés. Louis XVI cite Henri IV, et il eût dû imiter sa conduite. — A l'Assemblée des Etats, tenue à Rouen, Henri IV déclare que, pour éviter tout air de contrainte, il n'a pas voulu que l'Assemblée se fît par *députés, mais qu'on y admît librement toutes sortes de personnes, de quelque état et conditions qu'elles pussent être*, afin que les gens d'industrie et de savoir y proposassent, sans crainte, ce qu'ils croiraient nécessaire pour le bonheur de la France et le bien public.

jourd'hui; songeons à l'auditoire auquel s'adressait Calonne, et convenons que jamais ministre de roi de France n'avait fait entendre en face de la nation de telles paroles à la noblesse et au clergé français.

Le début du discours de Calonne est adroit. Les projets qu'il va proposer aux Notables sont, en quelque sorte, l'œuvre du Souverain : c'est placer entre ses ennemis et lui la personne encore sacrée du prince, et c'est les rendre coupables d'une désobéissance personnelle à l'égard du chef de l'Etat. — « Ce qui lui est ordonné en ce moment l'honore d'autant plus, que les vues dont le Roi le charge de leur présenter l'ensemble et les motifs, sont devenues entièrement personnelles à Sa Majesté, par l'attention très suivie qu'elle a donnée à chacune d'elles avant de les adopter. Mais ce qui doit mettre le comble à leur confiance ainsi qu'à leur émotion, c'est d'apprendre avec quelle application, quelle assiduité, quelle constance, le roi s'est livré à un travail si long et si pénible. » Après ce début, il rend compte des actes du gouvernement et de ses opérations financières depuis son entrée au ministère. — « Le Roi, à qui il a rendu compte de tout, a jugé ses motifs, et réglé la marche qu'il a suivie. » Puis, enfin, il aborde l'effrayante question du Déficit ; il tâche, avec adresse, d'adoucir les craintes, de réveiller l'espoir ; il démontre la véritable cause du mal et le sûr remède qu'on doit lui opposer : un seul mot renferme l'un et l'autre : — Les ABUS ! — « C'est dans les abus mêmes que se trouve un fonds de richesses que l'état a droit de réclamer, et qui doivent servir à rétablir l'ordre. C'est dans la proscription des abus que réside le seul moyen de subvenir à tous les besoins. — Les abus ont pour défenseurs l'intérêt, le crédit, la fortune et d'antiques préjugés que le temps semble avoir respectés ; mais que peut leur vaine considération contre le bien public ? Les abus qu'il s'agit aujourd'hui d'anéantir sont ceux dont l'existence pèse sur la classe productive et laborieuse, les exemptions à la loi commune, et tant d'autres injustes exceptions : l'inégalité de subsides de province à province et de sujet à sujet ; l'arbitraire de la taille ; la crainte et presque le déshonneur imprimés au commerce des premières productions : les droits qui découragent l'indus-

trie, etc., etc. — Si tant d'abus ont jusqu'à présent résisté à l'opinion publique, c'est qu'on a cru pouvoir réprimer le désordre sans en extirper le germe. »

En lisant ce discours ministériel (1), dont nous ne pouvons donner qu'une légère analyse, ce discours d'un homme dont les opérations financières ont pu être justement attaquées, mais non le Royalisme, peut-on, sans honte, nous vanter l'ancien régime? Et cependant combien en est-il encore dont la voix sinistre s'élève au sein de nos villes et surtout au fond de nos campagnes, pour célébrer ces temps d'odieuse mémoire, et pour frapper d'anathème la lutte généreuse du peuple contre ses tyrans !

Nous avons cité les deux principaux remèdes opposés par Calonne à tant de maux. Nous devons y ajouter : L'entière liberté du commerce des grains ; l'abolition de la corvée en nature et sa conversion en une prestation pécuniaire ; l'affranchissement de la circulation intérieure ; le reculement des buraux aux frontières ; l'établissement d'un tarif uniforme; l'allégement du fardeau de la gabelle, etc.

Ce discours fut applaudi ; ce fut là tout son succès.

Cent quarante-sept députés, en y comprenant les frères de Louis XVI et les princes du Sang, composaient l'Assemblée des Notables. On les divisa en sept bureaux, présidés par Monsieur, le comte d'Artois, le duc d'Orléans, le prince de Condé, le duc de Bourbon, le prince de Conty et le duc de Penthièvre. On y remarquait, parmi les noms les plus connus, ceux du duc de La Rochefoucaud, de Lamoignon, de l'archevêque de Toulouse, du marquis de Lafayette, du maréchal de Broglie, du comte d'Estaing, du marquis de Langeron, dont le fils s'est

(1) Le reproche que fait à Calonne le baron de Besenval (*Mémoires*, t. II, p. 209) d'avoir trop donné à l'éloquence dans son discours à l'Assemblée des Notables, est celui qu'avaient adressé à ce ministre ses ennemis et ses rivaux : il nous paraît complétement faux. Nous avons lu attentivement ce discours, et nous n'avons trouvé, dans ce que Besenval appelle de l'éloquence vaine, que les préparations nécessaire à des propositions dont la nouveauté devait révolter un auditoire si mal disposé à l'égard du contrôleur-général et de ses plans.

fait Russe, du duc de Nivernais, etc., etc.

Chacun de ces bureaux devait examiner les plans de Calonne. Il se croyait sûr de la majorité des suffrages; mais il ne tarda pas à être détrompé.

Et d'abord, il n'avait plus que le Roi pour appui; celui sur lequel il comptait le plus, le ministre qu'il regardait comme le seul homme capable de le comprendre et de le soutenir, Vergennes était mort (13 février 1787) (1), huit jours avant l'ouverture de l'Assemblée des Notables. Quelques écrivains pensent que ce ministre, en qui Louis XVI avait placé toute sa confiance, aurait soutenu Calonne avec autant de force que de franchise. D'autres croient qu'il ne lui eût pas été d'un grand secours, et que l'extrème circonspection qui avait toujours été sa règle de conduite, l'aurait décidé à abandonner le contrôleur-général, à l'aspect du déchaînement qui s'éleva contre celui-ci. — Nous partageons cette opinion.

Soit dédain, soit jalousie, soit crainte de partager avec ses collègues la gloire du succès, ou de se créer de nouvelles entraves, soit enfin par suite de cette orgueilleuse légèreté qui lui avait fait remettre la composition de son discours et de ses mémoires presque à la veille de l'ouverture de l'Assemblée, Calonne, privé de Vergennes, ne consulta aucun des ministres sur les différens détails de ses plans et sur ses démarches. Mis à l'écart, les ministres, comme on peut aisément le croire, étaient peu disposés à lui prêter le concours de leurs efforts. — D'ailleurs aveuglé par une confiance, que Besenval nomme stupide, dans la parole du maître, il croyait n'être jamais abandonné par lui.

Tous les historiens de la Révolution (nous ne parlons pas des auteurs de Mémoires particuliers) n'ont donné qu'un aperçu si léger des événemens qui se sont accomplis pendant les années 1787-1788, qu'il est presque impossible, à quelque lecteur que ce soit, de bien saisir l'enchaînement des faits qui ont provoqué les Etats-Généraux. Nous ne pouvons suivre leur exemple, nous qui voulons offrir un tableau aussi complet que possible de ces temps mémorables. Moins dramatiques sans doute que 1789, 1787 et 1788 offrent cependant un tableau du plus haut intérêt dans cette lutte de la monarchie expirante contre l'entraînement du siècle ; dans ces combats des privilégiés contre la roture ; de nobles contre nobles; de ministres contre ministres ; du clergé contre la couronne; des Parlemens contre les volontés royales : — tous luttant sur les débris des vieilles institutions monarchiques ; tous occupés de leurs haines mutuelles ; tous oubliant ce terrible spectateur dont l'œil de flamme les observe, ce LION POPULAIRE qui, à chacun de leurs mouvemens, découvre, avec non moins de dégoût que de joie, et les points vulnérables et la faiblesse réelle de ces colosses qui l'ont si long-temps enchaîné ; — tous, enfin, s'entraînant les uns les autres dans l'abîme qu'ont ouvert sous leurs pas la vengeance du peuple, la justice du ciel et leurs propres erreurs.

L'Assemblée des Notables, point de départ des résistances du Tiers-Etat, les intrigues de la noblesse et du clergé, la faiblesse de Louis XVI, la chute de Calonne, offrent, surtout aux enfans de la liberté, une étude historique d'une grande importance. Nous avons lu, à ce sujet, tous les Mémoires du temps ; c'est dans les Mémoires de Besenval que nous avons cru trouver le récit le plus sage, le plus exact et le plus impartial. Car, quoique assidu courtisan de Marie-Antoinette, à qui surtout Calonne dut sa chute, il accorde à ce ministre des éloges, pas toujours mérités, mais de sa part francs et sincères. C'est donc lui qui doit ici, éclairé par d'autres annalistes, nous servir de guide (1).

---

(1) « Le comte de Vergennes avait été attaqué de coliques violentes. Il en fut tout à coup la victime. Cette mort, qu'on ne crut pas naturelle, inspira plus de confiance et d'audace aux ennemis du contrôleur-général. » (— *Mémoires* de l'abbé Georgel, t. II, p. 279-280). Cette vague accusation d'empoisonnement, portée contre les ennemis de Calonne, ne se trouve appuyée par aucun bon historien de la Révolution. On ne peut lire avec trop de circonspection ces *Mémoires* du jésuite Georgel, fanatique diatribe contre les amis de la liberté et les lumières du siècle, où les mensonges les plus impudens et les plus dégoûtantes calomnies sont sans cesse mêlés à quelques récits curieux et à des anecdotes intéressantes et vraies.

(1) Voyez les *Mémoires* de Besenval. — Lettre au comte de Ségur. — Assemblée des Notables. Comment M. de Lamoignon est parvenu à être garde-des-sceaux, et M. de Brienne, archevêque de Toulouse, à la tête des finances. — T. 2, p. 198 et suiv.

Le lendemain de la première séance des Notables, Versailles fut agité d'une émotion extraordinaire. On attaquait tout haut le Roi et son ministre ; c'était contre eux comme une insurrection générale. Le foyer principal de la révolte était l'hôtel de madame de Beauvau, femme qui, après avoir joué un rôle brillant par son esprit et ses graces, voulait en assurer un à sa vieillesse en la précipitant dans toutes les intrigues de la cour. C'était chez elle que se réunissaient le parti Necker et le parti prêtre, étrange association qu'une haine commune avait formée contre Calonne. Le clergé, aveuglément soumis à l'impulsion de l'archevêque de Narbonne, de Cicé, archevêque de Bordeaux, de Boisgelin, archevêque d'Aix, et surtout de l'archevêque de Toulouse, Loménie de Brienne, qui aspirait au contrôle-général, résolut de rejeter absolument l'impôt territorial en nature. « Spectacle singulier, dit Besenval, où l'on vit des prêtres refuser au Roi le même impôt qu'ils levaient depuis tant de temps sur ses sujets. »

Trois partis travaillaient à la chute de Calonne : celui de Loménie de Brienne qui, fort de l'appui de la Reine, convoitait, avons-nous dit, la direction des finances ; celui de Necker, dont le fameux Compte-Rendu avait été vivement et assez impolitiquement attaqué dans le discours de son rival ; enfin celui du garde des sceaux Miroménil, l'ennemi personnel de Calonne, qui, tous les soirs, rassemblait chez lui les notables, évêques, nobles, parlementaires, les plus irrités contre le contrôleur-général, afin de bien s'entendre avec eux pour renverser les projets du ministre ; s'inquiétant fort peu d'ailleurs de désobéir aux volontés du Roi, et de nuire aux intérêts de la Royauté.

C'était ainsi qu'on servait Louis XVI.

Il était bien difficile que Calonne pût tenir contre tant d'ennemis. Mais, près de tomber, il déploya une présence d'esprit, une sagesse et une fermeté dont sa conduite jusqu'alors avait fourni trop peu d'exemples. Il avait perdu l'appui sur lequel il comptait, Vergennes ; instruit des intrigues coupables de Miroménil, il résolut de lui faire ôter les sceaux et de lui donner Lamoignon (1) pour succes-

seur. Puis, fatigué d'être sans cesse en butte à la mauvaise foi, aux intrigues, aux propos calomnieux et souvent même grossiers des membres les plus influens de l'Assemblée, auxquels il soumettait tour à tour les détails de son projet, il se détermina à une démarche que Besenval nomme inconsidérée, mais qui eût été louée sans doute s'il eût trouvé dans le Roi la fermeté qui lui avait été promise.

Il livra au public, — mesure jusqu'alors inusitée et qui parut d'une inconcevable audace, — tous les Mémoires remis aux sept bureaux des Notables, avec les arrêtés qu'ils avaient pris sur ces Mémoires ; et il y joignit un écrit, tiré à plusieurs centaines de mille d'exemplaires, où il dévoila au Roi les manœuvres de ses ennemis (Loménie, Miroménil, Breteuil, etc.), et au peuple, les obstacles apportés par les Notables au peu de bien qu'on avait eu dessein de faire.

A la cour et dans l'Assemblée des Notables, un cri de rage s'éleva de toutes parts contre lui. Dès le lendemain, tous les bureaux furent fermés, toutes les affaires abandonnées, tous les partis réunis contre l'insolent dénonciateur.

Effrayés d'une telle coalition, le peu d'amis qui restaient à Calonne passa dans les rangs ennemis. Calonne tint tête à l'orage ; et, rassemblant les restes de son crédit mourant, il obtint du roi (8 avril 1787) le renvoi de Miroménil, et fit donner les sceaux à M. de Lamoignon, qui lui promit un zèle à toute épreuve et un dévoûment sans borne. Calonne crut un moment qu'il avait ressaisi la victoire ; mais l'archevêque de Toulouse, Breteuil, les Polignac, les Beauvau, accoururent auprès de la Reine ; et Marie-Antoinette, qui depuis quelque temps se montrait mécontente du contrôleur-général, se déclara enfin hautement contre lui.

Voici le moment où Marie-Antoinette commence d'accuser, au milieu des luttes des partis et des intrigues de la cour, sa figure politique (1). Reine coupable, mais femme infortunée, mais déplorable mère, elle appelle sur elle un intérêt dramatique. Sa mémoire éveille au cœur du patriote, comme dans un sein royaliste, des émotions d'une toute autre nature que celles de son époux. Elle mérite d'être dessinée à part dans notre grand drame révolutionnaire :

<hr>

(1) Chrétien-François de Lamoignon, président à mortier au Parlement de Paris.

(1) Voyez la gravure : MARIE-ANTOINETTE.

Portrait de Marie-Antoinette.

La sainte et grave véracité de l'histoire ne peut mettre au nombre des documens avoués ces écrits du temps, pamphlets, libelles, notes clandestines, mémoires à consulter, stylets empoisonnés dont s'arment trop souvent la haine et la vengeance (1); mais elle ne doit pas s'en priver tout-à-fait, surtout lorsqu'après les avoir soumis à une analyse sévère, elle les compare aux aveux indirects échappés au parti contraire (2); surtout lorsque du milieu de la foule contemporaine, une grande voix populaire s'élève aussi contre l'accusé. — Elle doit les repousser bien moins encore, lorsqu'ils sont hautement avoués par leurs auteurs. Certes, bien des pardons sont attachés à une mort sanglante; mais si l'on doit compassion à la victime, on doit aussi la vérité à ses juges.

Depuis plusieurs années, Marie-Antoinette n'était plus aimée. Sa jeunesse, sa fraîcheur, sa figure, point jolie, mais aimable et noble, les graces imposantes de sa tournure, son laisser-aller piquant, le mépris qu'elle n'avait pas craint d'afficher pour l'infame sultane du vieux Roi, quelques mots heureux, quelques bienfaits adroitement semés, lui avaient d'abord attiré les suffrages de cette majorité qui, en France plus que partout ailleurs peut-être, fait d'un individu une opinion, une cause, et fonde tout un stable avenir sur le plus changeant de tous les êtres.

Mais bientôt ses premiers admirateurs durent abandonner des espérances trop légèrement conçues. Sa haine de l'étiquette blessait les partisans surannés de la monarchie à la Louis XIV, et ne pouvait plaire qu'aux favoris et favorites qui l'entouraient; car, en public, on lisait toujours sur sa lèvre autrichienne cette morgue si détestée des Français. D'ailleurs, le peuple n'avait rien gagné au retranchement de ces pompeuses niaiseries et de ces magnifiques jeux de marionnettes : des dépenses sans dignité avaient remplacé d'éclatantes profusions. L'affaire du collier avait fait un tort irréparable à la réputation de la Reine, et l'empressement même qu'elle avait mis à effacer toute trace de cette scandaleuse aventure, n'avait que mieux confirmé les soupçons qui pesaient sur elle.

Nous n'avons pas voulu devoir aux seuls

---

(1) Voyez Mémoires inédits de Marie-Antoinette de Lorraine, reine de France et de Navarre ; broch. in-8º, 1790. — Mémoires de Lauzun (depuis duc de Biron, et, dans la Révolution, général Biron). — Les Crimes des Reines de France, depuis le commencement de la monarchie jusques et y compris Marie-Antoinette, 1 vol. in-8º, caract. de Didot, par Lavicomterie, avec 5 grav.; 1792. — Souvenirs d'un Roi de France, broch. in-8º, 1793. — Les Scélérats couronnés, broch. in-8º, 1793, etc., etc.

(2) Voyez les Mémoires de Besenval, ceux de l'abbé Georgel, etc., etc. — Le tableau que trace le baron de Besenval de la cour de Marie-Antoinette, ces parties fines de Trianon, ces demi-aveux sur des aventures que nous consentirons ici à n'appeler que des *imprudences*, mais qui, plus d'une fois, attirèrent toute la mauvaise humeur de Louis XVI sur l'inconséquente soubrette-reine; de Louis XVI, — pauvre monarque ! — qui, dans ces occasions bourgeoises, se montrait d'autant plus brusque et plus bourru qu'il n'avait point assez de force pour témoigner en époux et en roi sa juste colère ; les étranges monumens qui existent encore au Petit-Trianon, ces jolies chaumines où la bergère Antoinette, la laitière Polignac, l'Amaryllys-Polastron, le Coigny-Corydon, le Daphnis-d'Artois, Vaudreuil-Tytire, le gros chévrier Adhémar, et quelques autres pastoureaux et pastourelles, allaient, par couple, goûter tous les innocens plaisirs de la vie champêtre, tandis que les époux et les épouses dormaient profondément à Versailles ; les récits que nous en faisait à nous-mêmes, il y peu d'années, le vieux jardinier de ces beaux lieux, contemporain des bergers et des bergères, récits bizarres, mais délicieux de naïveté et d'abandon, où le bonhomme, sans s'en douter, traçait les plus piquans mémoires ; le portrait singulier que feu M. de Ségur, alors joyeux et intrépide acteur dans ces scènes de haute galanterie, a fait plusieurs fois devant moi, chez une de nos femmes de lettres célèbres (madame Dufrénoy), non des *vertus* mais de la *vertu* de la charmante et infortunée princesse de Lamballe ; le rapprochement qui naissait naturellement d'un tel récit ; — la liaison intime de Marie-Antoinette avec plusieurs femmes (entre autres madame de Langeac) dont la réputation était depuis long-temps perdue ; son amitié ardente pour le frère de son époux, cette amitié dont on lui a fait un crime, mais qui, dans tous les cas, était condamnable, car elle rapprochait trop une femme qui, pour parler le langage de l'aristocratie, n'aurait pas dû même être soupçonnée, d'un homme qui passait alors pour l'un des plus insignes libertins de la cour et du royaume, etc.; — tous ces motifs et mille autres encore prouvent à tout juge impartial que ce n'était point à tort que Marie-Antoinette avait été en butte à une foule de propos scandaleux, et que la mésestime nationale avait attaqué avec raison les dernières années qu'elle passa sur le trône.

écrits, aux seuls souvenirs des amis de la liberté, les traits principaux de cette esquisse de Marie-Antoinette ; ils nous ont été presque tous fournis par les partisans de la royauté. Presque toujours la vérité accusatrice naît de leurs éloges mêmes.

Voici ce que pensait de cette reine le baron de Besenval, l'un de ses plus assidus courtisans. Versailles n'avait pu tout-à-fait corrompre sa franchise suisse. On doit d'autant plus croire à la ressemblance de ce portrait, quelque peu flatté qu'il soit, qu'il a été fait à une époque (fin de 1788) où toutes les médisances de cour devaient tomber devant la nécessité de protéger le trône, et qu'il est contenu d'ailleurs dans une lettre particulière adressée au jeune ami de Besenval, le comte de Ségur, alors ambassadeur en Russie.

« La Reine ne manque pas d'esprit ; mais son éducation a été nulle sous le rapport de l'instruction. Hors quelques romans, elle n'a jamais ouvert un livre, et ne recherche pas même les notions que la société peut donner; dès qu'une matière prend une couleur sérieuse, l'ennui se montre sur son visage et glace l'entretien. Sa conversation est décousue, sautillante, et voltige d'objets en objets. Sans aucun fond de gaité personnelle, elle s'amuse de l'historiette du jour, *de petites libertés gazées avec adresse*, et surtout de la médisance comme on la prépare à la cour ; voilà ce qui lui plaît. Facile, point exigeante, mais peu faite pour le sentiment, sans sa liaison et sa conduite avec madame de Polignac, on aurait pu dire qu'elle ne connaissait pas l'amitié, car l'abbé de Vermont (1) et M. d'Esterhasy ne peuvent servir d'exemple. Elle les a créés l'un et l'autre, et les considère plus

(1) L'abbé de Vermont, frère d'un célèbre accoucheur de ce nom. Il avait été l'une des créatures de Loménie de Brienne, qu'il trahit dans la suite. Marie-Thérèse avait demandé, pour sa fille, promise au Dauphin, un maître de langue française. L'archevêque de Toulouse proposa cet abbé qui joignait la nullité des moyens à la bassesse des sentimens et à la méchanceté de l'esprit. On l'accusait de jouer un singulier rôle auprès de Marie-Antoinette, sur qui, d'ailleurs, il exerçait presque autant d'empire que Marie-Antoinette sur Louis XVI. Telle était la filière des hautes pensées administratives qui dirigeaient le choix des ministres et la marche des affaires.

comme son ouvrage, dépendant uniquement d'elle, que comme ses amis.

« La Reine s'occupe peu des gens qu'elle avait rapprochés d'elle, et s'en détache aisément. Ils n'éprouvent que les inconvéniens de la faveur, sans en recueillir les avantages. Le duc de Coigny *fut sacrifié lestement à des idées de réforme, et tout le monde s'étonna qu'il n'eût pas été défendu.*

« La Reine n'aime ni les jolies personnes, ni les amans, ni les maîtresses ; des droits pour plaire, mieux fondés que les siens, l'inquiètent ; mais, à cet égard, elle est femme (1). On l'a taxée de dissimulation ; il était difficile que sa position lui permît une extrême franchise.

« Dans le temps que la confiance qu'elle me témoignait m'avait autorisé et excité à lui donner des conseils, j'ai tout fait pour l'en-

(1) Marie-Antoinette a donné souvent d'étranges preuves de cette jalousie vulgaire. Je n'en citerai qu'un seul exemple. Ce fait, fort peu intéressant par lui-même, sert cependant à colorer les mœurs et l'esprit de cette époque. Il m'a été raconté par un contemporain, témoin oculaire.

La Duthé, célèbre courtisane, entretenue alors par un prince de la famille royale, s'était présentée à la promenade de Longchamps dans un magnifique équipage, éclatant d'or, enrichi de peintures, où elle étalait ses charmes, ses diamans et son impudence. Elle n'était justiciable que de la morale publique et du mépris de tous. La Reine, qui était aussi à cette promenade, offensée du luxe, des prétentions et du triomphe de la moderne Phriné, lui envoya un de ses écuyers pour lui ordonner de sortir de la file des voitures. La Duthé résista : on l'en chassa de force ; et un détachement du guet à cheval la ramena chez elle. Loin d'applaudir à cet acte d'autorité, qui, d'ailleurs, était, dans une telle circonstance, tout-à-fait arbitraire, on n'y vit qu'un abus du pouvoir et même qu'un mouvement jaloux fort peu digne du haut rang qu'occupait Marie-Antoinette.

Un mot grossier, mais caractéristique, dit de nos jours (on me permettra de le rapporter), prouve que le peuple n'avait conservé de Marie-Antoinette qu'un pénible souvenir. — Lors du mariage de Napoléon avec Marie-Louise, autre présent funeste, comme le dit mon honorable ami Justin Bouisson, que Vienne venait de faire à la France, le peuple, malgré son admiration sans partage pour le grand homme, disait alors : — « Bon ! nous allons avoir encore une *autre chienne !* » — Je m'excuse encore une fois de rapporter un tel jeu de mots si peu digne de l'histoire ; et cependant ces jets énergiques de la prévention populaire peignent mieux l'opinion publique que de longs discours.

gager à acquérir des connaissances qui l'eussent mise à portée de se livrer à la prétention qu'elle avait de faire des ministres (1), et de déterminer ou détruire une décision d'administration ; mais je ne pus obtenir qu'elle quittât les frivolités qui remplissaient ses journées.

« C'est avec ce manque de moyens que Loménie de Brienne la fit entrer dans tous les comités, et lui donna une voix prépondérante dans toutes les décisions.

« Par ce moyen il augmentait son crédit, la Reine n'étant que l'écho de son opinion ; mais cette conduite ne pouvait manquer de donner des torts à cette princesse, et de jeter du ridicule sur elle, en même temps qu'elle discréditait l'administration. »

Qu'on examine attentivement chaque partie de ce portrait, et l'on verra qu'au fond il ne contient que l'opinion, seulement adoucie et modifiée, des accusateurs de la Reine.

Telle était donc celle qui désormais allait décider en reine absolue des destinées de Louis XVI.

Si nous traitons avec cette sèche et froide rigueur une mémoire que des misères inouies et la hache du bourreau absolvent auprès de ces cœurs tendres qui fraternisent avec toutes les infortunes, de ces factieux à sentiment, qui ne louent les morts que pour se venger des vivans, ou auprès de ces esprits essentiellement aristocratiques qui calculent la somme de leurs larmes en raison de la hauteur d'une chute; si nous pesons encore sur un front depuis long-temps abattu, ce n'est pas seulement pour armer l'équité de l'histoire et la sévérité républicaine contre des vices couronnés ; — c'est surtout pour confondre l'imposture de ces louangeurs effrontés des hommes et des choses de l'ancien régime, qui, n'osant plus, il est vrai, nier la justice des droits reconquis par nos pères, s'en dédommagent en accusant encore d'erreur barbare l'individualité de leurs haines; menteurs dont l'obstination insolente, toujours parlant de *saints martyrs et de bourreaux*, flétrit la Révo-

lution, non plus dans ses causes, mais dans ses actes, et prête aux victimes royales toutes les vertus pour mieux faire détester ce qu'ils nomment l'aveuglement populaire.

Ces haines étaient justes... — Mais, fidèle à cette justice distributive que réclame l'histoire, nous avouerons que, surtout à l'époque où elle fut ordonnée, la mort de cette reine fut un meurtre inutile.

Nous avouerons encore que si l'épouse coquette et légère, que si la reine du Rhanelagh et de Trianon ne mérite que trop, aux jours de sa grandeur, la terrible animadversion nationale, plus tard, la reine des Français, plus coupable peut-être, du moins offre quelquefois aux regards de la postérité une grande figure historique (1), et que la captive du 10 août et la veuve de Louis XVI se trouve au niveau de son malheur.

Fin de 1787. — Année 1788. — Exil de Calonne. — M. de Fourqueux. — Loménie de Brienne. — L'impôt territorial et le timbre. — Résistance des Parlemens. — Le comte d'Artois hué. — Exil du Parlement de Paris à Troyes. — La cour plénière. — Les grands bailliages. — Affaire d'Eprémesnil.

La volonté de Louis XVI, dirigée par Calonne, avait, le 8 avril, destitué le garde-des-sceaux Miroménil; celle de la Reine, influencée par la coterie Brienne, abattit Calonne le lendemain. Ce renvoi d'un ministre au moment où, pour la première fois, il engageait un léger combat contre les nobles pour les intérêts généraux, aurait été dans les temps antérieurs vivement blâmé par la nation ; mais elle était déjà trop éclairée pour ne pas sentir l'insuffisance de ses plans, et elle comprenait si bien que ce n'était pas là

---

(1) M. le baron de Besenval ne rend pas sa pensée. La Reine n'avait pas besoin de connaissances pour être à portée de se livrer à la prétention de faire des ministres; elle n'avait besoin que de sa position de reine et de femme du plus faible et du plus incapable de tous les rois.

(1) Marie-Antoinette avait pu, surtout depuis la chute de Calonne, sonder tout-à-fait le caractère de son époux, comme monarque d'un vaste empire. Effrayée de la nullité des ressources qu'il offrait au trône en péril, sa fierté autrichienne essayait souvent de faire jouer avec plus d'énergie les ressorts de cette ame pusillanime. — Les égards empressés, les respectueuses déférences que Louis XVI lui témoignait même en public, prouvaient que l'étonnant empire qu'elle exerçait sur lui n'était pas dû seulement aux graces et aux charmes de sa personne. — Et lorsqu'à l'époque de leurs malheurs Louis XVI fut accusé par les patriotes d'avoir trahi ses sermens, lorsqu'il fut loué par les royalistes de quelques mâles attitudes si contraires à sa nature, Marie-Antoinette, seule, mérita et ce blâme et ces éloges.

que se trouvait le remède à tant de maux, qu'elle ne cessa pas un moment d'envelopper dans une haine et un mépris communs, et Calonne et ses adversaires. — Du sein des Parlemens allait bientôt s'élever le seul cri auquel la France dût répondre.

On chansonna Calonne, on chansonna les nobles et le clergé ; on fit des pamphlets contre la Reine ; on prétendit que l'ex-ministre aurait eu tout espoir de garder son porte-feuille, s'il eût pu, comme par le passé, subvenir aux prodigalités de Marie-Antoinette. Déjà d'autres écrits plus dangereux disaient que la Reine aimait beaucoup Versailles et Trianon, madame de Polignac et l'argent français, mais non pas la France. Déjà l'on rattachait d'effrayantes prophéties à ces noces de la Dauphine, ensanglantées par la mort de tant de citoyens. — Tous ne croyaient pas à ces pamphlets, à ces libelles, mais tous les lisaient ; et l'esprit public se formait au milieu de ces sourdes tourmentes.

Exilé d'abord à sa terre de Berny, Calonne reçut bientôt l'ordre de se retirer dans son château de Gannonville en Lorraine. Bientôt après il passa en Angleterre, d'où il lança, à son tour, contre ses adversaires, des écrits justificatifs de sa conduite. Dès ce moment, il doit cesser d'occuper l'histoire ; et les derniers actes de sa vie politique ne doivent plus entrer que dans des Mémoires particuliers. Pendant la Révolution , agent des princes en Angleterre, en Allemagne, en Russie, il disparut tout-à-fait de ce théâtre d'intrigues en 1795, vécut sept ans en Angleterre, oublié de ces maîtres ingrats qu'il avait tant servis, dans un état voisin de la misère, mais consolant ses malheurs par l'étude des lettres et des beaux-arts ; puis il rentra en France avec la permission du premier Consul en septembre 1802, et mourut à Paris, le 29 octobre suivant, sans que les journaux mêmes se donnassent à peine le soin d'annoncer sa mort.

Louis XVI, en renvoyant Calonne, avait donné la mesure de sa faiblesse. Il espérait que les Notables se montreraient moins indociles à des propositions présentées par une voix moins odieuse que celle du ministre exilé. Mais les coteries des privilégiés enhardies par le succès, résolurent de ne pas perdre leur avantage.

Heureuse résistance qui décida le réveil de la nation! Si ces maires, ces échevins, ces nobles, ces princes, ces prélats avaient satisfait à quelques plaintes, avaient détruit quelques abus, peut-être les Français, rendormis par des concessions frivoles, eussent-ils négligé de remplir la haute mission que leur demandait le siècle ; peut-être eussent-ils retardé la conquête de leurs droits.

M. Bouvard de Fourqueux, conseiller d'Etat, honnête homme, mais frappé de la double impuissance des infirmités et de la vieillesse, après avoir résisté long-temps, fut forcé d'accepter le contrôle-général. Trois jours après, il le remit avec joie à l'archevêque de Toulouse.

Loménie de Brienne, sorti vainqueur de sa lutte contre les partisans de Necker qui demandaient le rappel du seul homme, disaient-ils, qui pût sauver la France, venait enfin d'entrer au ministère, grace à l'appui de l'abbé de Vermont, surtout aux nouveaux projets de la Reine, et grace aussi sans doute au dégoût presque invincible qu'inspiraient à Louis XVI les formes sèches, dures et tranchantes du ministre genevois. — « Il faudrait lui céder mon trône, » disait Louis XVI ; et ce mot ne manquait pas au fond de quelque vérité ; car, enivré de louanges et d'hommages par sa femme, sa fille (1), ses flatteurs et tous les beaux esprits de l'époque, Necker aurait assez aimé à jouer, sous un roi faible, le rôle de maire du palais.

Marie-Antoinette , dévorée de cet ennui que nous peint Besenval, voulait s'en délivrer au prix même de son repos. Elle était arrivée à cet âge, époque de transition dans la vie des femmes, où, moins sûres désormais de la puissance de leurs charmes, elles sentent d'instinct le besoin de se créer un autre empire. Les favoris de la Reine lui avaient persuadé qu'elle seule pouvait raffermir le sceptre aux mains de son époux ; et Brienne lui avait promis de lui céder tout le pouvoir qu'il tiendrait d'elle. — Un moment contrô-

(1) L'illustre auteur de *Corinne* et de *l'Allemagne*. Ses *Considérations sur les principaux Evénemens de la Révolution française*, qui ne sont au fond qu'un long mais souvent admirable panégyrique de son père, ne peuvent être lus que par ceux qui ont profondément étudié cette grande époque.

Marie-Antoinette.

leur-général, Brienne fut bientôt nommé premier ministre.

De tant de ministères qui, depuis la fin du règne de Louis XIV, ont été tour à tour la honte et le fléau de la France, le plus honteux et le plus exécrable est celui du cardinal de Loménie, archevêque de Sens ;— car c'est sous ces deux titres, qu'il se fit donner dès son arrivée au pouvoir, que nous devons le désigner maintenant.

Lâche, hypocrite, sans mœurs, sans caractère, n'ayant pas même, par saccades, cette audace qu'inspire l'oubli de tous les principes, ni cette sorte d'énergie qui donne au vice un apparent éclat, doué, pour unique talent, d'un impudent babil qui ne pouvait en imposer qu'à des femmes de cour, il n'avait dû l'espèce de réputation d'esprit et de capacité qui précédait son entrée au ministère qu'à ses liaisons avec les littérateurs les plus marquans de l'époque et les chefs de la secte économiste, et son influence sur le clergé qu'à celle qu'il exerçait lui-même sur l'évêque d'Autun, chargé de la feuille des bénéfices, Alexandre de Marbeuf, prélat honnête, mais homme fort médiocre.

Les coteries philosophiques et encyclopédistes, alors toutes puissantes, que Brienne recevait journellement à sa table, ses grands-vicaires, prôneurs en titre, vendus à son crédit, la foule d'ambitieux tonsurés ou non tonsurés, qui étaient sans cesse en quête d'évêchés ou d'abbayes, avaient tellement vanté son mérite transcendant, que lorsque Louis XVI, qui méprisait son philosophisme et aimait fort peu sa personne, eût cédé aux vœux de la reine, il pût se persuader un moment qu'il n'avait fait qu'écouter l'opinion publique (1).

(1) Dans une histoire qui s'efforce d'être aussi complète et aussi consciencieusement exacte en ses moindres détails que la nôtre, Loménie lui-même a droit à un jugement raisonné. — Les lecteurs instruits nous pardonneront une observation faite ici d'ailleurs pour la première et la dernière fois ; car c'est, non pas à eux, mais à ceux de nos concitoyens qui ne savent rien de notre Révolution que s'adressent nos feuilles populaires ; et ceux-ci ont un impérieux besoin d'idées justes sur tout. — Après avoir résumé tous les écrits du temps, ainsi que nous devons le faire, notre opinion sur Loménie de Brienne s'est formée de toutes les opinions débattues : — cependant nous devons dire que le portrait de ce ministre, par madame

Brienne (1) ne resta au contrôle-général que le temps nécessaire pour persuader à la Reine que l'intérêt du Roi et de la France l'appelait à la tête du ministère. Nommé chef du conseil, il plaça au contrôle M. Laurent

de Staël, est, à plusieurs égards, bien moins sévère que le nôtre. Ce sera plaire à nos lecteurs que de le citer ici ; car l'autorité de l'illustre auteur des *Considérations sur la Révolution française* est d'un grand poids, toutes les fois qu'elle ne se laisse pas entraîner par le respect inné qu'elle porte à l'omnipotence ministérielle, et, surtout, par les souvenirs de l'amour filial. Voici ce portrait :

— « M. de Brienne (le cardinal de Loménie) n'avait guère plus de sérieux réel dans l'esprit que M. de Calonne ; mais sa dignité de prêtre, jointe au désir constant d'arriver au ministère, lui avait donné l'extérieur réfléchi d'un homme d'état, et il en avait la réputation, avant d'avoir été mis à portée de la démentir. Depuis quinze ans, il travaillait, par le crédit des subalternes, à se faire estimer de la Reine ; mais le Roi, qui n'aimait pas les prélats philosophes, s'était refusé constamment à le nommer ministre. — L'archevêque de Toulouse n'était ni assez éclairé pour être philosophe, ni assez ferme pour être despote : il admirait tour à tour la conduite du cardinal de Richelieu et les principes des encyclopédistes… ; arbitraire et constitutionnel tour à tour, il était maladroit dans les deux systèmes qu'il essayait alternativement…
— Battu comme despote, il se rapprocha de ses anciens amis les philosophes ; et, mécontent des castes privilégiées, il essaya de plaire à la nation… — Il excita le tiers-état pour s'en faire un appui contre les castes privilégiées ; le tiers-état fit dès lors connaître qu'il prendrait sa place de Nation dans les Etats-Généraux. — Enfin, il acheva d'exaspérer toutes les classes, en suspendant le paiement d'un tiers des rentes de l'Etat. Alors un cri général s'éleva contre lui ; les princes eux-mêmes allèrent demander au Roi de le renvoyer ; beaucoup de gens le crurent fou, tant sa conduite parut misérable. Il ne l'était pas cependant, et c'était même un homme d'esprit dans l'acception commune de ce mot ; il avait les talens nécessaires pour être un bon ministre dans le train ordinaire d'une cour. Mais quand les nations commencent à être quelque chose dans les affaires publiques, tous les esprits de salon sont inférieurs à la circonstance ; ce sont des hommes à principes qu'il faut. Il n'y a que les grands traits du caractère et de l'ame qui, comme la Minerve de Phidias, peuvent agir sur les masses, en étant vus à distance. Ce qu'on appelle habileté, selon l'ancienne manière de gouverner les Etats du fond des cabinets ministériels, ne fait qu'inspirer de la défiance dans les gouvernemens représentatifs.

(1) Voyez les *Mémoires* de Besenval fort exacts et très curieux sur tout ce qui a rapport à ce ministère.

de Villedeuil (1), intendant de Rouen ; il conserva aux affaires étrangères le comte de Montmorin qui lui était asservi; aux sceaux, Lamoignon, pour l'opposer aux Parlemens; et bientôt après il fit ôter les départemens de la guerre et la marine aux maréchaux de Ségur et de Casries, dont les principes ou le caractère l'offusquaient, pour les donner à son frère le comte de Brienne et à M. de la Luzerne.

Ce fut ainsi que Loménie, sous les ordres de Marie-Antoinette, se rendit maître du ministère et des destinées de la France.

Nous ne suivrons pas dans toutes ses vues mesquines ou absurdes, dans ses opérations à la fois tyranniques et pusillanimes, le ministère du cardinal de Loménie. Cette administration déplorable mériterait à peine un moment un regard de l'histoire ; — mais, au milieu de ce tissu d'erreurs grossières et de timides attentats contre la nation, se détachent plusieurs faits qui sont devenus justement célèbres par leurs conséquences, et qui devront nous arrêter.

Louis XVI, en renvoyant Calonne, n'en avait pas moins résolu de suivre ses plans; et la Reine, qui voyait dans leur exécution complète un moyen assuré de remplir le trésor, avait vivement approuvé cette détermination. Loménie, dont l'esprit étroit et l'ignorance financière n'auraient pu d'ailleurs inventer aucun projet nouveau, se trouvait donc dans la position la plus embarrassante: car, suivre ainsi pas à pas la marche de son prédécesseur, c'était faire l'aveu de son impuissance ; et, de plus, il se voyait forcé, comme ministre, de soutenir ce qu'il avait tâché de renverser comme notable. — Aussi se hâta-t-il de convoquer une assemblée générale, qui mit fin aux travaux de ses anciens confrères.

Cette première Assemblée des Notables avait été sans résultat pour la couronne, mais non pas pour la liberté. Un trône absolu, monstre au front d'or et aux pieds d'argile, ne doit pas se laisser approcher de trop près.

(2) Dans le courant de l'année 1787, lors du rejet des deux fameux édits par le Parlement, Lambert, maître des requêtes, remplaça M. Laurent de Villedeuil.

Les Notables du tiers-état et de la magistrature, et ceux des nobles qui, soit par conviction, soit par mode et par ton, affichaient des prétentions philosophiques, en rentrant dans leurs provinces y avaient rapporté une sorte d'esprit d'indépendance, éveillé par leur facile victoire sur les volontés royales, et un dédaigneux mécontentement contre cette cour perdue de luxe, de dettes et d'intrigues, où les deux seuls sages, en apparence, étaient un Roi gouverné par sa femme, et, — s'il fallait en croire Versailles même, — déclaré de toutes manières impuissant ; et un prince, — Monsieur, — dont l'ame fausse et perfide et le cœur étroit se masquaient de l'éclat d'une éducation assez cultivée, mais qui dégénérait aisément en pédantisme insupportable.

Les zélateurs secrets, mais ardens, de l'affranchissement des peuples applaudissaient à ces frondeurs; et il y a tant d'enivrante séduction dans un succès populaire, que ceux-ci, pour se trouver à la hauteur des éloges, allaient plus loin qu'ils ne voulaient peut-être. Beaucoup d'entre eux, obscure végétation, dite noblesse de province, auraient assez aimé le retour de ces temps où, — au milieu des coups de pistolets et des chansons, des pamphlets ministériels et des billets doux, des *vilains* bien étrillés et des bouteilles, des cris de vive le Roi! et à bas Mazarin ! — un brave gentilhomme, après s'être fait acheter par vingt partis tour à tour, arrivait au Louvre, s'y revendait encore, et, le lendemain, se réveillait grand-fauconnier, grand-écuyer, grand-louvetier et duc et pair. — A défaut de ces larges destinées, on voulait jouer un petit rôle : ces petites prétentions, ces petites ambitions de petites villes, aidèrent, sans le savoir, au développement d'un drame un peu plus national que la Fronde. — Nous les retrouverons dans la Vendée.

Délivré de la présence des Notables, Loménie se hâta de faire recevoir dans le Conseil les deux édits sur l'impôt territorial et le Timbre, et de les envoyer au Parlement. L'impôt du Timbre était alors une invention nouvelle. Frappé par le premier impôt, le Parlement profita de l'indignation que souleva le second, pour les rejeter l'un et l'autre. Tant de misérables instabilités, tant d'incohérences absurdes cahotaient ce gouvernement absolu, que ces magistrats qui, tant de fois, avaient réclamé les droits d'*Etats-Généraux au petit pied*, c'est-à-dire, de délégués de la nation pour accepter ou rejeter en son nom les édits royaux, purent y renoncer, dès qu'ils se virent atteints dans leurs intérêts privés. Cachant leur égoïsme sous le zèle apparent du bien public, ils avouèrent, — vérité tardive ! — que jusqu'alors leurs prétentions à cet égard avaient été abusives ; que de tels impôts ne pouvaient être sanctionnés que par la Nation elle-même ; et, sur la proposition de Duval d'Epréménil, ils osèrent enfin demander à Louis XVI de convoquer les ETATS-GÉNÉRAUX (1).

Ce mot qui, depuis près de deux siècles, semblait oublié de la France, retentit dans tous les cœurs comme un énergique appel de patriotisme et d'espérance.

Le voile qui couvrait encore des yeux accoutumés à se baisser devant un signe du bon vouloir royal, sembla tomber tout à coup. — Un redoutable déluge d'*écrits*, de *mémoires*, de *discours*, d'*opinions*, de *pamphlets*, de *considérations*, de *caricatures*, assaillit de toutes parts ces ministres indignes ou incapables ; cette cour, chancre impur de la patrie ; ces grands,

ces nobles, ce clergé, dont l'insolence aristocratique et l'avarice impie recevraient enfin leur récompense.

Du Rhin à l'Océan, des rives de la Manche aux flots de la Méditerranée, un long cri d'enthousiasme se fit entendre. — Les ministres pâlirent, et Louis XVI dut promettre de remplir bientôt ce vœu national.

La reconnaissance du peuple tint compte aux magistrats de leur déclaration, comme si elle eût été franchement inspirée par l'amour seul de la patrie. Tous les bons esprits étaient persuadés du contraire ; mais, dans l'attente des immenses résultats que devaient entraîner les résistances du Parlement, ils confirmèrent la popularité dont il se vit soudain entouré ; — et semblable à ce porteur de reliques, que la Fable nous montre (1) s'appliquant les éloges donnés aux trésors qu'il portait, le Parlement donna tête baissée dans le piége que lui tendait son orgueil.

Un vieux débris de cette cour souveraine nous a, en effet, avoué qu'elle avait joué, en ces graves circonstances, le plus étrange, pour ne pas dire le plus sot des rôles. L'égoïsme d'abord, puis ensuite la vanité, venaient de l'engager en des voies où, plus tard, le génie de la liberté sut bien la retenir malgré elle.

Car, par cet appel inattendu fait à la nation, le peuple devenu tout à coup seul juge des querelles du Parlement et de la cour, vit bientôt que si l'une abusait insolemment de pouvoirs usurpés, l'autre n'en était pas moins coupable, — et de son aveu, — de s'être arrogé des droits qui n'appartenaient qu'à la nation, en abusant d'un mot (2), comme cela est tant de fois arrivé, surtout en France. Lorsque ces *Tuteurs des Rois* eurent sacrifié leurs prétentions collectives à leurs prérogatives individuelles, la France dut rougir du

---

(1) V. pour tout ce qui précède et ce qui suit, outre les écrits déjà cités, — l'Impôt territorial et ses avantages, par Linguet, 1787. — Lettre à l'archevêque de Toulouse sur les Finances, broch. in-8°, janvier 1788 ; — Considérations philosophiques sur la Révolution française, par L. C. ; — Appel à la Nation provençale, par Mirabeau ; — La Philosophie au Peuple français, par Desmeuniers ; — Légalité des Etats-Généraux, par le même, 1788 ; — Lettre d'un Citoyen à un Frondeur, par Brissot de Warville ; — Considérations sur l'Injustice des Prétentions du Clergé et de la Noblesse, par l'abbé Gouttes ; — La Sentinelle du Peuple aux Gens du Tiers-Etat de la province de Bretagne, 1787, 1788 ; — Le Mercure de France, années 1787-88 ; — Lettres à un Ami sur l'Assemblée des Notables, par M. de Cormoran ; — Principes positifs de Necker, 1788 ; — A la Nation française sur les Vices de son Gouvernement, par Rabaut-St-Etienne ; — Recherches sur les Impôts, par Pastoret ; — Mémoires sur les Etats-Généraux, par Gautier de Siber ; — Journal politique et national, par l'abbé Sabatier ; — Lettre des Avocats du Parlement de Toulouse au garde-des-sceaux sur les nouveaux édits ; — Dialogue entre l'archevêque de Sens et le sieur Lamoignon, avec l'Epître du Diable à ces deux Ministres ; — La Tête leur tourne ; — Questions d'un bon Patriote ; — Mémoire sur la Constitution des Etats-Provinciaux, par le C. d'Entraigues ; — Le Gouvernement sénati-clérico-aristocratique, par Cérutti, etc.

(1) L'Ane chargé de Reliques, fable de La Fontaine.

(2) Ainsi, parce qu'on appelait *Grands Parlemens*, dans les premiers siècles de la monarchie, la réunion législative des ETATS, le Parlement judiciaire de Paris, qui n'existait que depuis la troisième race, qui avait été créé par Philippe-Auguste, prétendait qu'il était, sous le titre d'*Etats-Généraux au petit pied*, le représentant légitime de ces grands corps nationaux. Voyez ce que nous avons dit à ce sujet dans l'introduction de cette histoire.

misérable échafaudage qu'elle avait laissé élever entre elle et le souverain ; — et elle ne tarda pas à envelopper dans une même haine les tuteurs et les pupiles.

Mais ce moment n'était pas encore venu. Le peuple qui cherche toujours un appui contre les maux présens, en confiant sa vengeance à l'avenir, aimait encore à regarder les Parlemens répandus dans le royaume comme autant d'égides qui protégeaient les citoyens et les propriétés (1) ; et les hautes capacités du tiers-état devaient couvrir d'applaudissemens cette magistrature suprême qui, d'elle-même, s'effaçait devant eux, et lui livrait enfin la royauté absolue face à face.

La cour, inquiète et irritée, qui, tout en restant fidèle au système de l'absolu pouvoir, sentait le besoin d'un corps intermédiaire entre elle et la nation, ne put obtenir du Parlement que des refus dont l'audace croissait d'instans en instans. — Enfin Louis XVI tint à Versailles (6 août 1787) un lit de justice où il fit enregistrer de force les deux édits. En même temps, et pour calmer un peu le mécontentement parlementaire, Loménie annonçait de grandes réformes dans les dépenses des différens ministères et de la maison du Roi.

En effet, on renvoya quelques valets ; on supprima des écuries ; on retrancha les équipages du sanglier, du loup, du faucon, etc. ; et Marie-Antoinette, dont la royale ingrati-

tude s'était contentée, pour toute économie de sacrifier ses amis (entre autres les ducs de Polignac et de Coigny), et Loménie, qui avait présidé à ces réformes, avec son ignorance et son imprévoyance accoutumées, crurent avoir ramené les esprits ; — mais ce n'étaient pas ces mesquines économies que demandait la France. — Ces retranchemens ne firent qu'irriter contre la Reine, devenue sans retour, dit Besenval lui-même, l'objet de la haine publique.

Ni l'annonce de ces retranchemens, ni les ménagemens de Loménie pour le Parlement, ni ses négociations secrètes avec chacun de ses membres, ne purent empêcher ceux-ci de soutenir une lutte de laquelle ils faisaient désormais dépendre leur gloire. — Le lendemain même du lit de justice, le Parlement, au bruit des applaudissemens de dix mille citoyens qui encombraient le lieu de ses séances et la grand' salle, rendait un arrêté qui déclarait nul tout ce qui s'était fait la veille à Versailles, et il l'envoyait à toutes les juridictions de son ressort.

Peu de jours après, chacun des conseillers vit arriver chez lui un officier aux gardes-françaises porteur d'une lettre-de-cachet qui transférait le Parlement à Troyes. — Ils partirent comblés des bénédictions du peuple : — la Reine et Loménie triomphèrent, chargés de ses malédictions (1).

---

(1) Quoique ces cours souveraines eussent mille fois corrompu ce qu'il y a de plus sacré sur la terre, et le seul bien que les gouvernemens puissent faire aux hommes, la JUSTICE. — En 1484, aux ÉTATS tenus pendant la minorité de Charles VIII, La Vacquerie, premier président, avait lui-même déclaré que le Parlement n'était qu'un corps judiciaire, et que les finances, la guerre et le gouvernement ne devaient le regarder en rien. Mais le peuple n'avait pu voir qu'avec plaisir les efforts ambitieux d'un corps tiré en partie de son sein.

D'ailleurs, jugeant les résultats sans s'occuper beaucoup des motifs, ce pauvre peuple, qui ne doit que trop haïr les grands, les ministres et les cours, et qui a toujours quelque bien à espérer de la lutte des pouvoirs, avait conservé une sorte de reconnaissance pour les parlemens dont le rôle était de lutter sans cesse contre la cour, les ministres et les grands, et qui les avaient souvent démasqués. Ces magistrats avaient paru quelquefois souffrir en sa faveur ; et, en France, on a raison auprès des masses, quand on est ou qu'on vous croit victime d'un pouvoir quel qu'il soit.

(1) Nous placerons ici, pour ne pas trop arrêter la marche de notre narration, une conversation que Besenval, dans ces circonstances, eut avec Marie-Antoinette, et dont M. de Ségur nous a garanti la vérité. Ces détails intimes, outre l'intérêt qu'ils inspirent, aident puissamment à éclairer la marche de l'histoire, et à fixer les doutes capricieux de l'opinion. — Il ne faut pas d'ailleurs demander au lieutenant-général, lieutenant-colonel des gardes suisses, de juger en patriote les causes de la révolution.

« Peu de jours avant la translation du Parlement, la Reine me prit sous le bras, et m'emmena promener tête à tête dans ses jardins de Trianon, où elle me parla de la situation des affaires. Qu'un courtisan bas eût payé cher une pareille occasion de la plaindre, de lui montrer un attachement perfide, et d'exalter les talens de l'Archevêque de Toulouse, soleil levant qui semblait devoir éclipser tout le reste ! Mais je suis trop franc, trop loyal, j'ose dire trop honnête, pour m'avilir au point de déguiser ma pensée par intérêt personnel ; je la fis donc connaître... — Je dis à la Reine que c'était en vain qu'elle se flattait de ramener le Parlement ; que, plus elle temporisait, plus son au-

Tous ceux dont les emplois ou les occupations se rattachaient au Parlement, tout le barreau, toute la basoche, tout ce qui écrivait et pensait, réunis dans la grand' salle, se mirent pendant plusieurs jours en révolte ouverte contre la cour, Marie-Antoinette et son ministre. — Leur indignation, qu'ils laissaient librement éclater, se répandit en pamphlets, en placards, en caricatures, que la police aurait voulu vainement saisir. Ils répétaient hautement que le peuple, qui depuis trop long-temps portait à lui seul tout le fardeau, ce pauvre peuple en butte aux outrages de tous les valets de cour, allait bientôt remonter à son rang. — La révolution était commencée.

Ce fut dans ces circonstances que parut la caricature politique ÇA NE DURERA PAS TOUJOURS, où l'on voit le peuple, sous les traits d'un de ces braves maraîchers qui nourrissent nos villes, chargé de tous les produits du sol qu'il a cultivé, mais non pas pour lui, et poursuivi par des singes, dignes représentans de la valetaille des cours, tandis que, dans le fond, la noblesse et le clergé semblent applaudir aux affronts qu'il endure (1).

dace augmenterait; qu'il était plus que temps que le roi se montrât en maître, et qu'il en imposât par des coups d'autorité, sans quoi il fallait qu'il déposât sa couronne pour ne la remettre peut-être jamais sur sa tête... — « Ah ! s'écria la Reine, que M. de Calonne « a fait un grand mal avec les Notables ! — Madame, « lui répliquai-je,... M. de Calonne a eu de grands » torts et une coupable légèreté... Mais si on n'avait « pas fait la faute énorme de le renvoyer au milieu de « sa besogne, on ne serait certainement pas dans « l'embarras où l'on se trouve. D'ailleurs, Votre Majesté protégeait ces Notables, ce qui n'a servi qu'à « augmenter leur mutinerie. — Moi! me dit-elle; « point ! J'étais absolument neutre. — C'était déjà « trop, lui répliquai-je, que d'être neutre dans une « telle circonstance... Je suis véritablement attaché « à Votre Majesté; je ne puis prendre sur moi de lui « cacher qu'on lui fait le reproche de *vouloir annuler* « le Roi : ce qui serait un bien mauvais calcul ; car la « gloire ou le discrédit du Roi rejaillit toujours sur « vous. »

« Une telle conversation n'était pas faite pour plaire à la Reine ; elle ne me parla plus de rien. »

Besenval déclare que ces retranchemens dont nous parlons dans notre texte, n'avaient fait qu'irriter davantage contre la Reine qui, au surplus, *ne faisait aucun sacrifice que celui de ses amis* ; et qu'elle était devenue, sans retour, l'objet de la haine publique.

(1) Voyez la gravure ÇA NE DURERA PAS TOUJOURS,

Combien de fois, pendant les quarante-sept années qui se sont écoulées depuis cette époque, le peuple n'a-t-il pas été forcé de répéter le triste refrain qui servait de titre à cette caricature ! Combien de fois sera-t-il forcé de le répéter encore !

Louis XVI avait ordonné à ses deux frères d'aller effacer sur les registres du Grand-Conseil et de la Cour des Aides les arrêtés conformes à ceux du Parlement, et d'y faire enregistrer les deux édits du timbre et de l'impôt territorial. Le comte d'Artois reçut alors la punition sévère de ses liaisons intimes avec la Reine et de son goût prononcé pour l'absolutisme. La foule immense, qui encombrait les avenues de la Cour des Aides, le couvrit de huées et de sifflets ; et, sans la garde qui l'entourait, peut-être eût-il subi un traitement plus terrible encore. La réception tout-à-fait contraire que, dans le même instant, éprouvait Monsieur, fit penser que cette double scène avait été préparée d'avance pour mieux faire ressortir l'espèce de popularité qui s'était attachée à ce prince, et décider Louis XVI à confier les rènes de l'Etat au seul homme qui pouvait le sauver : car tel était en effet le langage des partisans du comte de Provence.

Ebloui de ses propres lumières, Monsieur aspirait sans doute à la direction des affaires. Son silence désapprobateur ; l'esprit d'opposition prudente qu'il avait manifesté dans l'Assemblée des Notables et auprès du Parlement ; l'air de douloureuse contrainte que le Grand Conseil venait de remarquer en lui, au moment où il exécutait les ordres de son frère, la conduite qu'il tint plus tard, semblent confirmer cette supposition. — Nous verrons bientôt se déployer dans toute son astucieuse perfidie ce caractère qui, d'ailleurs, ne manquait ni de force ni de volonté. — Mais, dans les circonstances que nous venons de rapporter, rien ne prouve qu'il ait ainsi compromis la vie de l'un de ses frères, pour s'emparer du pouvoir de l'autre ; — et, quant au public châtiment infligé au comte d'Artois, il suffisait de la haine populaire.

Cependant tous les rouages de l'administration civile et financière étaient arrêtés. L'immense corps des légistes, corps toujours

d'après la caricature du temps, par M. Delvaux.

si redoutable sous un gouvernement dépravé, puisque leur nombre et leur influence s'augmentent toujours en raison de la corruption des mœurs, employait, à écrire contre la cour et à raviver sans cesse le mécontentement général, des momens que les affaires judiciaires ne pouvaient plus occuper. —Le trésor allait suspendre les paiemens... — Loménie épouvanté intrigua auprès du Parlement. On trouva, pour gagner la moitié de cette cour suprême, l'argent qui manquait pour payer les vieux services rendus à la patrie. Au bout d'un mois d'exil, ces sévères magistrats, fort las de leur exil, et s'inquiétant fort peu d'être en contradiction avec eux-mêmes, rentrèrent dans Paris au prix d'une transaction qui souleva contre eux l'opinion publique. Le ministre promit de retirer les deux édits, et ils enregistrèrent une prorogation de vingtièmes auxquels toutes les fortunes étaient désormais soumises.

En autorisant cet impôt, le Parlement s'arrogeait encore le droit qui, de son propre aveu, n'appartenait qu'aux États-Généraux. On ne pouvait se jouer de la nation et mentir à ses principes avec plus d'impudence.

Le Parlement, honteux lui-même de sa conduite, crut regagner la faveur, l'estime et le crédit qu'il avait perdus, en menaçant la cour de nouvelles résistances. Le peuple, qui venait de comprendre enfin que ses libertés n'avaient nul appui réel dans cette haute aristocratie judiciaire, continua d'accepter l'opposition parlementaire, jusqu'au moment où il pourrait faire entendre la sienne.

La situation politique de la France, non moins que son administration civile et financière, accusait l'inconcevable ineptie du cardinal de Loménie. Au commencement de ce livre, nous avons présenté le tableau des relations de la France avec les autres puissances à cette époque, afin de ne point entraver le récit des événemens bien plus intéressans qui s'accomplissaient à l'intérieur. Nous avons dit comment l'Angleterre, pour assouvir par contre-coup sa vengeance contre son éternelle rivale, alluma la guerre civile en Hollande, et détermina la Porte Ottomane à s'armer contre la Russie ; nous avons dit par quels motifs les 26.000 mille Prussiens, commandés par le duc de Brunswick, pénétrèrent jusque dans le cœur des Provinces-

Unies, qui imploraient vainement les secours de la France contre le despotisme de leur stathouder.

Soit que l'appel patriotique de la Hollande dût être mal reçu du cardinal au moment où lui-même était forcé de reculer devant les menées factieuses des Parlemens et le patriotisme français ; soit que ce ministre ne pût comprendre que les succès d'une administration intérieure dépendent souvent d'une noble et mâle attitude, soit enfin que son étroit cerveau ne pût embrasser à la fois tant de soins divers, on ne le vit se souvenir des Etats-Généraux que lorsque tout secours leur était devenu désormais inutile.

Les maréchaux de Ségur et de Castries, qui pouvaient être regardés comme des hommes de génie lorsqu'on les comparait à leurs collègues du ministère, venaient de donner leur démission ; et, pour les remplacer dans un moment où la guerre paraissait imminente, Loménie nommait à la guerre son frère, homme encore plus nul que lui, et à la marine M. de La Luzerne, qu'il fallait aller chercher à St-Domingue ! — Quoi qu'en dise madame de Staël, ceux qui accusèrent l'archevêque de Sens de folie, avaient assez raison.

L'Angleterre nous menaçait d'une guerre maritime. Peut-être une telle lutte, chez un peuple amant si passionné de la gloire militaire, eût-elle retardé la chute du gouvernement royal, en détournant sur elle les inquiètes prévisions qui ne s'attachaient qu'aux fautes administratives.

Mais ces démonstrations hostiles n'eurent point de suite ; l'Espagne se déclara hautement notre alliée ; et nos soixante-huit vaisseaux et le brave Suffren, leur amiral, rentrèrent dans nos ports.

Resté seul en présence de la nation, Loménie voyait d'instans en instans s'augmenter les difficultés de son inepte administration. Tout lui manquait, l'estime, la confiance et l'argent, trois ressorts sans lesquels tout gouvernement doit s'arrêter et tomber. Loménie s'inquiétait fort peu des deux premiers, pourvu qu'il pût se procurer le troisième. Il ne fallait point songer aux impôts. D'après les conseils du garde-des-sceaux Lamoignon, il proposa au Roi l'idée d'emprunts successifs pendant cinq années consécutives : une fois adoptés par le Parlement, ils procuraient des ressources jusqu'à la convocation des Etats-Généraux, que Louis XVI avait, de nouveau, promise et fixée à l'année 1791.

Loménie résolut d'emporter, par surprise, l'enregistrement de cet emprunt, auquel il avait joint un édit depuis long-temps désiré, sur le rappel des protestans. Il convoqua brusquement le Parlement dans la seconde quinzaine de novembre, c'est-à-dire, dans un moment où la plupart des conseillers étaient en vacances ; et comme il voulait cacher le but de cette séance et le rôle que le Roi devait y jouer, ce ne fut que la veille au soir qu'il la déclara royale. Mais cette ruse ne servit, comme on va le voir, qu'à le couvrir de ridicule et à compromettre, encore plus, l'autorité de son maître. — Dans la nuit les magistrats, restés à Paris, se hâtèrent de prévenir leurs confrères du piége qu'on leur avait tendu : ceux-ci revinrent presque tous à temps pour assister à la séance ; et Loménie, grace à son esprit inventif, put compter le lendemain, dans le Parlement, autant d'ennemis que de membres.

Ce fut le 19 novembre 1787, qu'eut lieu cette fameuse séance royale, qui devait offrir le spectacle d'une lutte publique, et jusqu'alors inouie, entre le monarque et le premier prince de son sang ; ce lit de justice improvisé, qui allait donner le premier signal des atteintes directes bientôt portées de toutes parts au pouvoir absolu.

Nul des événemens précurseurs de la Révolution ne mérite plus l'attention de l'histoire.

D'après les principes que proclamèrent Louis XVI et ses conseillers, en face des seuls organes publics qui pussent alors se faire entendre, quoique bien faiblement sans doute, contre l'omnipotence de la couronne ; d'après les règles de conduite, que, dans cette circonstance solennelle, promulgua hautement la justice royale, tant pour le maître que pour les sujets, on doit apprécier la bonne foi de ces historiens qui osent prétendre que Louis XVI voulait sincèrement et de lui-même toutes les libertés nationales, qui pouvaient être *compatibles, il est vrai, avec la dignité de sa couronne.*

Il est vrai, dirons-nous aussi, qu'avec de telles restrictions, un peuple ne doit pas craindre l'excès des concessions royales : car jusqu'où ne peut pas s'étendre la dignité d'une couronne ?

Certes Louis XVI n'était pas un méchant homme : mais c'est par trop abuser de la crédulité française, que de lui présenter ce pauvre prince, avec l'éducation qu'il avait reçue, les préjugés de sa naissance, la grossière nullité de son esprit et l'entourage qui se pressait autour de lui, comme un de ces législateurs des peuples, dont les hautes prévisions savent comprendre les besoins de leur époque, devancer leur siècle, et sacrifier l'orgueil du pouvoir (1) aux exigences d'une nation qui se régénère. — Dans le siècle où nous sommes, où sont-ils ces législateurs?

Louis XVI connaissait, peut-être d'instinct, quelques unes des vertus qui font aimer un particulier ; j'y consens : mais elles n'influaient en rien sur ses vices de roi.

Il avait moins de despotisme dans les formes que quelques uns de ses prédécesseurs,

(1) Quel pouvoir les formes n'exercent-elles pas sur nous autres, pauvre peuple de France ! Ainsi, avec l'échafaudage de pièces de rapports, qu'on appelle une Charte, jamais peut-être, au fond, nul esclavage ne fut mieux avéré que le nôtre.

— Des contributions qui effraient la pensée de tous les peuples de l'Europe ; le timbre, cet impôt odieux de la pensée, ce monopole exécrable du vol public, déguisé sous le nom de garantie ; les hypothèques, les enregistremens, qui rendent le Gouvernement héritier de toutes les familles ; des maires, magistrats populaires, qui ne correspondent la plupart du temps avec leurs concitoyens que pour leur faire connaître les volontés du pacha de la Seine ; des douanes, des octrois, mille odieux impôts institués pour donner une armée de scribes au pouvoir, sans compter les deux cent mille baïonnettes jetées au milieu de citoyens désarmés ; des sergens de ville, l'épée au côté, au coin de chaque rue ; des *M. le marquis*, des *M. le baron* de l'ancien régime, des *M. le duc*, des *M. le comte* du nouveau, mélange stupide et ridicule de l'aristocratie des Bourbons et du despotisme de l'Empire ; la liberté de la presse, offerte à l'effroi des niais sous le nom de licence, attaquée sans relâche et sous toutes les formes ; et, pour garantie de ce bel ordre de choses, nos millions dépensés pour des élections presque toutes anti-populaires, et pour soutenir des journaux qui soutiennent, sans trop faire frémir d'indignation, que tout est pour le mieux, que le peuple français a tout autant de liberté qu'il lui en faut, et que c'est pour son bonheur que le Gouvernement lui fait payer chaque année, en pleine paix, la contribution de guerre que les alliés exigèrent de lui en parce que sa nature bourgeoise et sa faiblesse native l'exigeaient ainsi ; mais la doctrine de l'absolu pouvoir n'en était pas moins la sienne. Tout en repoussant la servitude et le mutisme, parce que le plus borné des princes comprend toujours, plus ou moins, les impossibilités de son époque, il ne pouvait se vouloir autre que le ciel, selon sa ferme croyance et celle de sa famille entière, l'avait créé pour ses peuples, c'est-à-dire, Roi par la grâce divine et Propriétaire du sol et des hommes. Si, en 1787, en laissant même à part toute autre conquête des lumières du siècle, le roi de France eût pu prévoir qu'il ne serait, deux ans plus tard, que le roi des Français, jamais, de sa volonté du moins, la convocation des États-généraux n'aurait eu lieu. — Peut-on oublier que sa faiblesse et ses craintes cédèrent seules aux volontés nationales ? Peut-on oublier que ses idées étaient si peu en rapport avec les idées nouvelles, et qu'il comprenait si mal ce qu'attendaient les esprits les plus modérés mêmes, que, dès les premiers pas de la Révolution, volontaire complice d'un orgueil insensé, il débuta dans cette nouvelle carrière royale par insulter la nation en ses mandataires (1).

Dans la séance du 19 novembre, le dis-

cours de la couronne fut moins vague que ne le sont ordinairement ces morceaux d'apparat. — La parole royale y fut aigre et presque menaçante, double faute qui ne pouvait qu'envenimer des esprits qu'on avait voulu adoucir et gagner par des moyens peu dignes d'un pouvoir si fièrement exalté.

On faisait dire à Louis XVI : « qu'il venait tenir cette séance pour rappeler à son Parlement des principes dont il ne devait pas s'écarter ; il ne permettrait pas qu'ils fussent méconnus ou altérés ; il n'avait pas eu besoin d'être sollicité pour assembler les Notables de son royaume ; c'était à lui seul à juger de l'utilité et de la nécessité de ces assemblées, et il ne souffrirait pas qu'on demandât avec indiscrétion ce qu'on devait attendre de sa sagesse ; ses Parlemens devaient donner à ses sujets l'exemple de la fidélité et de la soumission, et leur rendre la justice en son nom : là se bornait leur rôle. »

Un discours si fier était plus que maladroit après les concessions que le ministère avait été obligé d'accorder au Parlement. Le discours du garde-des-sceaux développa la mercuriale sévère que Louis XVI ou Loménie avaient jugé à propos de lancer contre ces graves conseillers ; ils espéraient arracher d'eux par la crainte ce que l'intrigue n'avait pu obtenir. Ils auraient dû savoir que jamais une

---

1815 ; — et contre tout ce bel ordre de choses les vœux de l'immense majorité des Français !

La main sur la conscience, quel homme de bonne foi n'avouera, qu'en laissant tout absolument comme il est, ce qui est ne pourrait seulement durer un jour, SANS LES FORMES.

Aussi, voyez comme cela est commode ! On n'a que la peine de rassembler, à des époques fixes, la nullité, la vénalité, la servilité des provinces ; cela s'appelle une majorité (1) ; et avec ce divan, on peut marcher sans crainte. — De quoi se plaindrait-on ? les formes sont observées.

(1) Et tous ces autres rois, peut-on croire qu'ils aient une seule pensée qui soit contraire à leur nature de rois ?

Certes Louis XVIII n'était ni un imbécile ni un mannequin fleurdelisé : il savait bien ce qu'il voulait ; lorsqu'à la première restauration, le comte de Blacas, cet insolent favori, eut l'inconcevable audace de ressusciter, dans chacune de ses actions et dans chacun de ses actes, cet ancien régime tombé depuis trente ans sous les coups de la liberté et de la victoire, et que, loin d'être disgracié, sa faveur augmenta chaque jour ;

(1) Je ne veux rien d'absolu : il est au centre de la représentation nationale, des hommes honorables ; ce sont des trembleurs.

lorsque l'abbé de Montesquiou le secondait hautement ; lorsque Ferrand osait publiquement dire qu'il ne manquait à la Charte que d'avoir été enregistrée au Parlement de Paris, et que, bien loin d'être à l'instant même destitué de ses fonctions de directeur-général des postes, il était nommé comte et pair ; peut-on supposer que Louis XVIII n'était pas le premier coupable de ces crimes de lèze-nation ? — Tombé du trône, il fallut bien qu'il reconnût les dangers d'une telle tentative ; et, pour goûter, au moins par intervale, les douceurs d'un pouvoir qui rappelât en partie celui de la vieille monarchie, et y façonner peu à peu la France, il imagina son système de bascule, qui nous balottait sans cesse du régime constitutionnel au régime absolu. — Après quinze ans de possession, Charles X crut pouvoir complétement mettre en œuvre des essais si prudemment tentés : le peuple leva la main sur lui, et le jeta à bas du trône. — Quatre ans sont écoulés à peine... Où allons-nous ? J'ai déjà cité un mot de Cooper que je veux citer encore : Je ne cesserai de le crier à l'oreille des aveugles et de le placer sous l'œil des sourds : « LA LIBERTÉ ET L'ÉGALITÉ NE FONT POINT PARTIE DU MÉTIER DE ROI ! »

Révolution Française.

8 Juillet 1789.

grande assemblée ne quitte ainsi brusquement la route où elle s'est engagée. On peut espérer de ramener un homme seul, par la persuasion ou par la terreur, dans la ligne qu'on lui indique ; mais s'il est difficile de former une complète unité de toutes les opinions d'un vaste corps politique, composé de tant d'élémens divers, il est impossible, dès qu'elles sont réunies, de disjoindre tout à coup un faisceau si péniblement formé : pour résister à l'ennemi commun, l'orgueil de chaque membre vient alors s'unir à l'intérêt de tous.

Le discours de Lamoignon est un monument précieux de la monarchie expirante. Nous ne pouvons assez redire qu'on a trop dédaigné l'histoire de ces deux années. N'est-il pas curieux de voir la royauté absolue expliquer si clairement elle-même et sa nature et ses principes, au moment où la nation tout entière allait lui demander compte de son pouvoir? A défaut d'autre preuve, ce discours attesterait que jamais Louis XVI, de sa volonté libre, n'a pu accepter dans son gouvernement aucun des changemens organiques amenés par la révolution de 89 : — il explique toutes ses résistances (1).

« Jamais, selon le garde-des-sceaux, le Roi ne souffrira que l'autorité que Dieu a mise en ses mains, éprouve la plus légère altération. Un concert dangereux s'est établi entre les principes du Parlement de Paris et les réclamations des autres cours de justice du royaume. Il n'y a de vrais principes que ceux-ci :

— « Au Roi seul appartient la puissance souveraine dans son royaume.

— « Il n'est comptable qu'à Dieu seul de l'exercice du pouvoir suprême.

— « Le Roi est chef absolu de la nation, et ne fait qu'un avec elle.

— « Enfin le pouvoir législatif réside dans la personne du souverain, sans dépendance et sans partage.

« Donc au Roi seul appartient le droit de convoquer les Etats-Généraux ; lui seul doit juger si cette convocation est utile ou nécessaire ; — il n'a besoin d'aucun pouvoir extraordinaire pour l'administration de son royaume.

« Un Roi de France ne pourrait trouver dans les représentans des trois ordres de l'Etat, qu'un conseil plus étendu, composé des membres choisis d'une famille dont il est le chef, et il serait toujours l'ARBITRE SUPRÊME de leurs représentations ou de leurs doléances.

« Le Roi n'envisagera les Etats-Généraux de son royaume que comme les *Grands-Jours* (1) de l'amour des Français pour leur souverain. »

Puis Lamoignon rappelle que Louis XVI a proposé aux Notables d'établir des *Assemblées Provinciales*, qui, dit-il, lui seront plus utiles que n'ont jamais pu l'être les Etats-Généraux. — Elles auraient été sans doute bien moins dangereuses pour la couronne.

Après avoir parlé des nombreuses économies que le Roi a faites, tant dans le service de sa maison que dans celui des divers départemens, il passe enfin à l'Edit d'emprunts successifs qui doivent être employés à la libération du royaume, sous l'inspection immédiate de la chambre des comptes, et qui sont combinés de manière à s'éteindre graduellement les uns par les autres ; et à l'Edit du rappel des protestans, loi sage que la partie éclairée de la nation sollicitait depuis long-temps.

A la fin de son discours, après avoir vivement blâmé la conduite du parlement de Bordeaux, qui venait de répondre à l'édit royal sur les assemblées provinciales, en signifiant à ces assemblées de ne point se former dans son ressort, Lamoignon comble d'éloges la soumission et la respectueuse confiance de ce même Parlement de Paris auquel il a jugé nécessaire d'adresser, en commençant, de si menaçantes remontrances.

Loménie comptait beaucoup sur ce mé-

---

(1) Si quelques personnes instruites, amies de la liberté, nous reprochaient d'insister un peu trop sur tous ces points, nous leur répondrions que nous n'écrivons pas pour elles, mais pour ceux qui ne savent que peu ou rien. Lorsqu'un pouvoir, de plus en plus envahissant, cherche de plus en plus à égarer le peuple, lorsqu'il s'efforce d'exploiter ses craintes en calomniant la plus noble époque de notre histoire, il faut plus que jamais prouver que la liberté dût s'affranchir des mensonges et des faux sermens d'un roi.

(1) Par allusion aux réunions des *Champs de Mai*, dont nous avons parlé dans l'INTRODUCTION de cette histoire.

lange de blâme et de louanges, sur l'Edit du rappel des protestans et sur le tableau de la prospérité future de la France; il ne demandait que cinq années pour l'élever au plus haut point de splendeur... — Cinq années après, à la même époque, Louis XVI était au Temple.

L'éloquence de Lamoignon, les promesses de Loménie, la présence même du Roi, ne purent comprimer l'explosion de la haine que le Parlement portait à l'autorité. — Sous un gouvernement absolu, a-t-on dit avec raison, il n'y a qu'un pas du mécontentement à la révolte; — le Parlement se souleva tout entier et contre la forme et contre le but de cette séance. « Le conseiller Fréteau, l'abbé Sabathier, dit Besenval, parlèrent en tribuns. Enfin, comme au bout de six heures, les choses, au lieu de *cheminer*, s'éloignaient du but qu'on s'était proposé, tout à coup le Roi ordonna l'enregistrement de l'Edit de l'emprunt. »

Alors le duc d'Orléans se leva et demanda à Louis XVI si c'était un lit de justice ou une séance royale qu'il avait voulu tenir; et il protesta contre l'enregistrement en le déclarant illégal (1). — Après avoir dit ces mots, il alla déposer sa protestation au greffe du Parlement. — Elle était conçue en ces termes, qui respectaient moins la langue française que le roi de France, mais qui n'en parurent pas moins à Louis XVI une bien audacieuse attaque contre son autorité.

« Je supplie Votre Majesté de permettre « que je dépose à ses pieds et dans le sein de « la cour, la déclaration que je regarde cet « enregistrement comme illégal, et qu'il se- « rait nécessaire, pour la décharge des per- « sonnes qui sont censées y avoir délibéré, « d'y ajouter que c'est par exprès comman- « dement du Roi. »

Le lendemain le duc d'Orléans était exilé à Villers-Coterets, le conseiller Fréteau au château de Dourlens, et l'abbé Sabathier au Mont-Saint-Michel.

Un moment d'apparente popularité s'attacha à ces trois victimes du pouvoir arbitraire, quoique, par elles-mêmes, elles fussent bien peu dignes d'exciter le moindre regret.

(1) Cette scène est représentée dans la gravure SÉANCE ROYALE AU PARLEMENT, que nous avons donnée dans une de nos premières livraisons.

— Peu de jours après le duc d'Orléans, alors amoureux de la comtesse de Buffon (1), implorait son rappel; et le parlement obtenait, par des demi-concessions, le retour de ses deux conseillers.

Cependant Loménie et le garde-des-sceaux avaient résolu de se venger des parlemens, et d'anéantir à la fois et leur crédit politique et leur puissance judiciaire.

Lamoignon proposa à Louis XVI la création des grands bailliages, création réellement utile qui, en multipliant les ressorts de judicature, et en resserrant ceux des parlemens, évitait aux malheureux plaideurs les embarras et la dépense des longs voyages qu'ils étaient forcés de faire, pour aller trouver leurs juges. — C'était humilier et ruiner ces cours souveraines, au nom de l'intérêt des peuples. En s'arrêtant à cette mesure, le ministère eût pu mettre à nu l'égoïsme des magistrats, dont rien n'aurait légitimé les plaintes : mais Loménie sembla prendre à tâche de leur rendre la faveur publique qui s'était éloignée d'eux, et de faire de leur cause une cause nationale.

Loménie présenta à Louis XVI le plan d'une cour plénière, composée des princes, des pairs, des maréchaux de France; elle devait siéger constamment auprès du monarque, et vérifier tous les édits et tous les impôts.

On a dit avec raison qu'une telle cour eût été vraiment la cour plénière du despotisme. — Louis XVI l'approuva.

Loménie, tout occupé de l'exécution de ce double projet, sans penser à ses suites, l'avait préparée en silence. Il voulait, pour éviter toute résistance, que, dans un même jour, le même coup frappât tous les Parlemens. Il avait recommandé le plus profond secret à ses agens; mais Duval d'Eprémenil parvint à soustraire à l'Imprimerie royale un exemplaire de ces deux édits. Le Parlement de

(1) Nous sommes fâchés de flétrir un homme illustre en l'accolant au nom infame de cet homme qui trahit à la fois et sa famille et sa patrie, et dont l'impure ambition aurait souillé la cause qu'il feignait de servir, s'il n'eût expié ses crimes sur l'échafaud; mais nous ne pouvons passer sous silence ces traits qui, naïvement empruntés des Mémoires du temps, peignent si bien l'étonnante corruption de cette époque.

Paris et ceux des provinces furent à l'instant même instruits des dangers qui les menaçaient ; et, lorsqu'au mois de mai 1788, Louis XVI tint à Versailles un lit de justice où il fit enregistrer d'autorité la création de la cour plénière et des grands bailliages, le ministère, qui croyait surprendre ses ennemis, les trouva tout prêts à combattre et à périr plutôt que d'accepter les lois qui devaient consommer la ruine de la magistrature.

Tous les parlemens indignés se refusèrent hardiment à la promulgation des deux édits dans l'étendue de leurs ressorts. Celui du Dauphiné qui, composé d'enfans du sol, était sincèrement pénétré de ces sentimens patriotiques que cette noble et généreuse province a depuis tant de fois déployés, opposa aux menaces du ministère une résistance invincible.

Dans la Bretagne, la noblesse s'unit au Parlement. L'esprit de La Châlotais animait tous les magistrats. En vain Loménie fit-il passer des troupes dans cette province, ainsi qu'en Dauphiné, les unes sous le commandement du comte de Thiard et du maréchal de Stainville, les autres sous celui du maréchal de Vaux ; en vain l'archevêque de Sens envoyat-il à la Bastille les douze députés du Parlement de Rennes ; en vain ceux qui voulurent appuyer leurs remontrances, le duc de Chabot, le comte de Boisgelin , maître de la garde-robe, le comte de Séran, gouverneur des deux fils du comte d'Artois, (le duc d'Angoulême et le duc de Berry), et M. de Lafayette, éprouvèrent-ils une disgrace complète : ce déploiement de forces, cette brutale vengeance, cette colère royale n'eurent d'autre effet que d'aigrir les mécontentemens et d'anoblir les résistances. — Le Béarn eut l'audace d'armer ses montagnards.—Toutes les autres provinces suivirent l'exemple de Paris.

Le ministère était à ce point abhorré, ou plutôt l'appel de la liberté agitait à ce point tous les cœurs, que Loménie ne put même établir ces grands bailliages qui, dans tout autre temps, auraient obtenu l'assentiment général. De plus généreux soins occupaient les ames. De toutes parts on réclamait les États-Généraux. Une foule d'écrits traçaient la forme de leur convocation, tandis que l'ar-

chevêque de Sens et Lamoignon, dans leur entêtement insensé, s'efforçaient d'éluder à cet égard les promesses royales, et de tromper à la fois et Louis XVI et la nation.

Cependant, le parlement de Paris, entraîné désormais, malgré lui, par l'effervescence populaire, donnait un libre cours à ses fougueuses remontrances ; il opposait des arrêtés violens aux menaces de l'arbitraire. Les temps de la ligue et de la fronde semblaient réssuscités ! — Mais ces orages parlementaires renfermaient en faveur de la nation de plus nobles destinées.

Enfin (voyez à cet égard Besenval, dont le récit, plein d'intérêt nous paraît être puisé aux meilleures sources, du moins quant à la vérité des détails), enfin la résolution fut prise de punir sévèrement les conseillers les plus séditieux ; Loménie, tremblant, résolut d'obtenir par la force ce silence qu'il n'avait pu acheter.

L'ordre fut donné d'arrêter M. Duval d'Eprémenil, M. Goislard de Monsabert. — cet ordre regardait le département du Baron de Breteuil : Breteuil en confia l'exécution à la prévôté qui, faute d'expérience pour ces sortes de commissions, mit si peu de soin à s'en acquitter, que les conseillers désignés furent avertis à temps et qu'ils se sauvèrent au palais (1). »

D'Eprémenil, qu'un vain désir de renommée animait bien plus qu'un vrai patriotisme, et à qui un débit assez entraînant et quelque chaleur tenaient lieu d'éloquence dans une assemblée où la puissance de la parole politique était à peu près inconnue, d'Eprémenil se hâta de demander la convocation de toutes les chambres. Tous les conseillers et plusieurs pairs devoués au Parlement, — et par conséquent, mécontens de la cour, — accoururent.

Ecoutons encore ici Besenval, dont l'opinion était sans doute contraire au Parlement, mais qui, par sa place de lieutenant-colonel des Gardes-Suisses, dut être parfaitement instruit de toutes ces circonstances. — « On tenait depuis quelque temps, dit-il, des détachemens de la brigade des gardes pour soutenir le guet, dans le but de réprimer les grands désordres. — La cour, infor-

(1) Voyez Besenval, tome II, page 320.

mée de ce qui se passait au palais, fit ordonner aux détachemens des régimens des gardes, de s'emparer et de mettre des postes et des sentinelles à toutes les portes de la grand' chambre, avec défense d'en laisser sortir personne.

« Peu après, M. d'Agoust, capitaine aux gardes françaises, et depuis major, » (sans doute pour ce brillant fait d'armes,) « parut au milieu de l'assemblée, et dit qu'il venait de la part du roi pour arrêter M. Duval d'Épréménil ; que, ne le connaissant point, M. d'Épréménil eût à se conformer à la volonté de Sa Majesté. — Un silence universel et profond suivit l'exposition de cet ordre.

« On a voulu faire de ce silence une belle réponse théâtrale ; mais il ne fut que l'effet de la consternation et de la peur. Quand on conjure, il faut montrer une audace imperturbable, surtout dans les circonstances de la nature de celle-ci.

« A la fin, M. d'Epréménil se leva ;.... — il demanda à M. d'Agoust s'il emploierait les voies ordinaires ou la violence. — M. d'Agoust lui répondit froidement que le roi lui en donnait le choix. Sur quoi, M. d'Épréménil s'étant mis à la suite de M. d'Agoust, ainsi que M. de Montsabert, M. d'Agoust les conduisit, par des détours, à un carrosse qui les attendait. Il n'y aurait pas eu de sûreté pour lui à traverser la foule avec ses prisonniers. M. d'Epréménil fut envoyé aux îles d'Hières, et M. de Montsabert je ne sais plus où.

« Après ce coup de vigueur, on en fit un autre : ce fut d'annoncer à tous les parlemens qu'ils étaient en vacance, et que le roi leur défendait de s'assembler. — Le régiment des gardes-françaises s'empara du palais, en prit même les clés, et renouvela journellement ses détachemens. On chargea M. le maréchal de Biron du commandement de Paris, et, sous lui, M. d'Affry, colonel du régiment des gardes-suisses. »

Cet exil de d'Epréménil et de Montsabert furent pour eux un titre d'honneur. — Ce grossier abus de la force, cet acte de despotisme militaire, au moment où toute la nation se plaignait des actes arbitraires du Gouvernement, parurent, aux yeux mêmes des royalistes les plus dévoués, le comble de l'absurdité. En province la résistance devint unanime. Les tribunaux secondaires eux-mêmes, les

bailliages ordinaires des provinces, ne voulurent point promulguer les édits; on tenta de les y contraindre; ils réclamèrent en couvrant de mépris l'œuvre de Lamoignon et celle du principal ministre.

A Paris, cette arrestation de deux conseillers du Parlement, dans le lieu même de ses séances, avait porté au comble le tumulte populaire. «Inutilement, dit ailleurs Besenval, le guet tenta-t-il de s'opposer aux désordres; le peuple, plus nombreux que lui, non seulement le dominait, mais même le maltraitait.»

On avait défendu à ces malencontreux soldats de se servir de leurs armes ; ils n'avaient donc contre le peuple d'autre ressource que la fuite. — Mais bientôt leurs corps-degarde furent un asile inutile : le peuple osa les attaquer et se mit à les démolir.

Situation de la France vers le milieu de l'année 1788. Renvoi de Loménie.— Retour de Necker au ministère. — Loménie comblé des faveurs de la cour. — Renvoi de Lamoignon. — Affaires du Pont-Neuf, de la place Dauphine, de l'hôtel de Brienne, de la rue Meslay.

Tels étaient donc les fruits de la honteuse administration du dernier prêtre qui régna sur la France : — un an s'était à peine écoulé depuis que le caprice d'une Reine l'avait élevé au pouvoir.

On eût dit que le ciel, protecteur de la liberté des peuples, l'avait envoyé pour briser les derniers ressorts d'un gouvernement pourri.

Les canaux de la fortune publique desséchés jusques dans leur source; le déficit avoué accru de plus de soixante millions ; la honte au dehors; tous les fléaux déchirant le sein de la patrie; le Parlement de Paris, celui de Rennes livrés aux baïonnettes; le Dauphiné et la Guienne en feu; le Parlement de Bordeaux exilé à Libourne; le nom de la Reine publiquement maudit; celui de Louis XVI livré au mépris des vrais Français; la presse lançant ses foudres contre le despotisme tremblant; les dernières ressources du pauvre devenues la proie du luxe royal et des débauches des princes; toute la jeunesse de France prête à s'armer contre ses oppresseurs; les vils satellites de la police tournant leurs sabres contre le peuple et fuyant de-

Prospectus

SERVANT

D'AVANT-PROPOS

A L'HISTOIRE PITTORESQUE

DE LA

RÉVOLUTION FRANÇAISE.

De toutes les grandes époques qui, de loin à loin, jalonnent les siècles, qui, puissamment imprimées dans la vie d'un peuple, point central où viennent aboutir toutes ses annales, dominent son histoire, et sont l'éternelle leçon de tous les âges, la plus merveilleuse, la plus riche de souvenirs, la plus féconde en résultats prodigieux, c'est sans contredit celle de la Révolution française. « — Cette Révolution terrible et mémorable au nom français, a dit Napoléon, qui, par ses causes, son but, chacun de ses événemens, se distingue à jamais de toutes les autres dans l'histoire du monde, et qui, jusque dans ses excès mêmes, a conservé le caractère de grandeur qui lui convient. »

Cette époque est telle, non seulement pour la France, mais même pour l'Europe, que tous les siècles qui l'ont précédée semblent n'avoir été qu'une lente préparation à ce gigantesque drame.

La Révolution française, c'est la révolution de l'esprit humain.

Avec elle tout a changé, les hommes encore plus que les choses. Des idées nouvelles ont enfanté des hommes nouveaux.

C'est dans la Révolution que tout le passé et tout l'avenir de la France se sont donnés rendez-vous; c'est de là que date son existence nouvelle; toute l'histoire de notre vie présente est là. Si nos ancêtres pouvaient sortir du tombeau, si nos neveux pouvaient s'élancer à la vie, les uns et les autres ne verraient qu'un point dans nos orageuses et sanglantes annales : LA RÉVOLUTION.

Du moment qu'un grand peuple a été admis à la discussion de ses droits, c'est là que commence son histoire; jusque-là on n'a écrit que l'histoire de ses chefs. Et c'est pourquoi les annales des anciens nous offrent tant d'intérêt, à nous autres peuples; c'est que les peuples y sont acteurs.

Or, s'il est vrai de dire que c'est à cette grande époque que commence réellement l'histoire du peuple et non plus celle du souverain, il sera non moins vrai de dire que connaître à fond l'histoire de la Révolution française, c'est avoir fait un pas immense dans la connaissance de ses droits et de ses devoirs, comme Français et comme citoyen.

« Il est temps, a dit Manuel, de bien apprendre à juger, par un esprit mathématique, les hommes et les choses. »

Si la leçon du présent est aigre, mordante, passionnée, celle du passé est calme, froide, persuasive; c'est la voix d'un vieillard et d'un sage qui vous admet aux conseils de son expérience, sans même vous demander d'en partager avec vous les fruits.

Cette leçon, qui peut mieux l'inculquer aux masses que l'heureux rapprochement qu'offrent pour l'AVENIR DES PEUPLES nos deux HISTOIRES réunies?

La disposition des esprits seconde plus que jamais cette nécessité de notre âge; souvent faite et refaite, l'histoire de la Révolution française semble toujours à faire, ou du moins toujours nouvelle. Des écrivains plus ou moins distingués ont consacré leurs travaux à cette noble étude, mais ils n'ont pu fermer la carrière.

Nous avons appelé à notre secours tout ce qui pouvait ajouter à l'intérêt, à la couleur et à la vérité de la narration; nous n'avons négligé aucun document, de quelque nature qu'il fût, qui pût aider à bien saisir l'ensemble ou le caractère général de la Révolution, tout en peignant la physionomie particulière de chacune de ses phases ; — et nous avons surtout interrogé la conscience de nos plus vertueux vieillards.

Des gravures sur les principaux événemens, faites d'après David, Duplessis-Bertaux, Girardet, Prieur, etc., la plupart acteurs eux-mêmes dans ces grandes scènes ; les modes, les caricatures, qui sont au grave dessin ce que les mémoires secrets sont à l'histoire, viennent contribuer à l'ensemble du tableau.

Chaque acte de ce drame extraordinaire a sa physionomie qui lui est propre, son escorte de modes, de costumes, de langage, d'habillemens, expression de la pensée publique, couleurs des partis, où se reflète leur politique ; il a ses acteurs, tous différens de costumes et d'allure.

Dans les temps de commotions populaires, la forme d'une coiffure est une pensée profonde, la coupe d'un habit un symbole adoré.

On verra tour à tour passer devant soi la crinière de lion de Mirabeau, et la coquette calotte de l'abbé Maury ; les *oreilles de chien* de Billaud de Varennes, et la chevelure achilléenne de Danton ; l'habit vert, à larges boutons d'acier, du fédéraliste, et la redingote brune à trois collets, les cheveux plats, et la cravate à la batelière du Montagnard ; les petits crochets poudrés et le jabot du Modéré, et la veste ronde et le bonnet *rouge* du Jacobin ; l'énorme cravate et le gourdin à nœuds du Muscadin, et le chapeau retroussé et le mouchoir blanc de Charette. — Seul à part sur ce vaste théâtre, Robespierre, dont la mise semble contredire la religion politique, mais non pas pour un spectateur qui sait voir et juger.

C'est ainsi que, dans notre ouvrage, la plume et le crayon se fortifieront l'un par l'autre ; présenté à la fois à l'œil et à l'esprit, tout, dans une telle narration, semblera se mouvoir, tout viendra aider à la vigueur, à la puissance, à la *vie* de cette imposante leçon du passé.

IMPRIMERIE ET FONDERIE DE A. PINARD QUAI VOLTAIRE, 15.